お笑い公文書2025

裏ガネ地獄変

プチ鹿島政治コラム集2

プチ鹿島

文藝春秋

JN201519

お笑い公文書2025
裏ガネ地獄変
プチ鹿島政治コラム集2

目次

I 「裏金騒動」の泥沼にズブズブはまった自民党

II　石破新体制でも選挙敗北　与野党伯仲時代の到来

III 「安倍元首相暗殺」から始まった派閥政治の黄昏

Ⅳ 「岸田政権の卒アル」から消せない記憶の数々

V

2024年夏、都知事選　小池百合子を追いかけて

VI オールドメディア「ふてほど」の罪

装画　上野顕太郎
装丁　城井文平

I 「裏金騒動」の泥沼にズブズブはまった自民党

2023年
12月12日

2世議員でも官僚出身でもない松野官房長官 「裏金1000万超」疑惑に見る「政治とカネ」問題の〝深刻さ〟

言い出したのは誰か？

自民党の「パーティー」が盛り上がっている。新聞の一面もパーティーのご案内だらけ。

『松野氏更迭へ　パーティー裏金疑惑　首相、後任調整進める』（読売新聞12月9日）

『パーティー収入還流　安倍派幹部ら一斉聴取へ　東京地検　13日の国会閉会後』（産経新聞12月10日）

そしてこれ。

『松野・西村・萩生田氏、更迭へ　高木氏も、世耕氏交代を検討　安倍派5人衆を一掃　裏金疑惑』（朝日新聞12月10日）

安倍派の「5人衆」というフレーズはこのためにあったのか。メンバーは松野博一官房長官、西村康稔経済産業相、萩生田光一政調会長、世耕弘成参院幹事長、高木毅国会対策委員長である。

そもそも「5人衆」とは誰が言い始めたのか？　お待たせしました、森喜朗さんです。安倍晋三氏亡き後、5人の有力議員による集団指導体制でやれと派閥元会長の森氏が言っていたのだ。

その森喜朗はほんの2週間前に何と言っていたか。地元紙を紹介しよう。岸田内閣の支持率が下がっていることに対し、

『今こそ安倍派が支えるべき　年内解散、まだ可能性ある』（北國新聞11月26日）

時の流れをしみじみ感じてしまう。さらにこんなことも。

《年内の衆院解散は見送りという報道が出ましたが、まだ分かりませんよ。（略）今の状況をがらっと変えるために、一度思い切ってやってもいいんじゃないですか。》

森喜朗の「ご宣託」

森喜朗は年内の衆院解散をすすめていたのである。これを一面トップに載せる地元の北國新聞にもしみじみしてしまう。「ご宣託」を伝えているつもりだろうか。権力をチェックしない新聞は自らが権力になってしまい、言論機関の役割を果たせない。

森喜朗の言葉は今読むとマヌケに思えるが、いや、もしかしたら裏金問題が大炎上する前に早く解散してしまえという「ご宣託」だったのかもしれない。NHKが『自民5派閥の団体 約4000万収入不記載で告発 特捜部が任意聴取』と報じたのが約1週間前だ（11月18日）。「みんな早く逃げて」と森喜朗は叫んだのだろうか。しかし5人衆は逃げられなくなった。

今回の裏金報道で「5人衆」のほかに、しっかり考えたいフレーズがもう一つある。それは「安倍一強」だ。

おさらいすると清和会（現安倍派）は自民党では長く傍流だった。しかし小渕恵三首相が2000年4月に倒れ、清和会の森喜朗が首相となった。あまりに不人気すぎて森は約1年で退陣したが、その後の小泉純一郎が大人気となった。

結果として清和会は森喜朗、小泉純一郎、安倍晋三、福田康夫と4人の首相を出した。さらに安倍首相は2度目のときに長期政権を築いて「安倍一強」と言われた。安倍派は菅義偉・岸田政権にも影響力を及ぼしている。

長いあいだ「安倍一強」は権力の集中をあらわす言葉だったが、ここにきて、長期にわたる権力は腐敗するという定番フレーズを証明する言葉となった。

やりたい放題だった「安倍一強」

そういえば安倍一強は検察人事にも手を突っ込んでいた。検察庁法改正案である。本来のルールなら黒川弘務東京高検検事長は「定年」で「退官」するはずだった。しかし安倍内閣は２０２０年1月31日の閣議決定で、黒川氏の定年延長を決めたのだ。当時の記事を見てみよう。

《政府関係者によると、次期検事総長の人選は、昨年末から官邸と法務省との間で水面下で進められた。同省から複数の候補者が提案されたが、安倍首相と菅官房長官は黒川氏が望ましいとの意向を示したという。》（読売新聞２０２０年2月21日）

ギョッとする。こんなことが普通に書かれていたのだ。保守派の産経新聞も社説で次のように驚いていた。

《あまりに不自然である。黒川氏の定年延長ありきで恣意的に法解釈を変更したと疑われても仕方があるまい。》（同年2月24日）

やりたい放題だった「安倍一強」。しかし安倍氏が亡くなり、派閥のトップも決まらないまま漂流しているうちに今回の裏金疑惑である。一気に「闇」が出てきた。ジャニーズ問題といい、今年の漢字は「闇」でもいい気がする。

地味な印象だったが…

さて今回、私が「5人衆」の中で注目したのが松野博一官房長官だ。比較的地味な印象だったが、裏金疑惑（１０００万円超）である。

松野氏が公式サイトでうたうのは「公募制度から生まれた日本で初めての衆議院議員」。２世議員でも官僚出身でもなく、地元後援会は自力でつくったという。このエピソードを紹介する東京新聞の記事では「金権政治のイメージがない松野氏の疑惑が出たことで、（政治とカネを巡る問題が）常態化してきた状況が浮き彫りとなった」という識者のコメントがある（12月9日）。

「常態化」とはつまり、長期の権力は腐敗すると同義である。裏金（不記載）問題は自分の懐に入れているルール違反も当然問われなければいけないが、問題はその裏金を何に使ったのかだ。

有権者の見えないところで自分の地位を上げるために使ったり、重要な何かを決める際に使われていたとしたら「選挙」や「民主主義」から最も対極の行為になってしまう。そんなことを、安倍派を始めとする自民党がやっていた可能性が高いから深刻なのである。

いけない、暗い話ばかりだ。最後に明るい話を書こう。自民党の各派閥は政治資金パーティーを当面自粛することになった。目を引いたのは「二階派のベテラン」の言葉である。

「やった。うれしい。最高だ。パーティー券を売るのはきついんだ」（朝日新聞デジタル12月6日）

ノルマから解放されるってこんなにうれしいんだ。おめでとー！　パーティーやろうぜ。

2023年
12月26日

安倍元首相はキックバック問題に〝激怒〟したのか 新聞読み比べで見えてきた「報道のニュアンスの差」とは

田崎氏の最近の面白さ

自民党のパーティー券問題では大活躍している「ジャーナリスト」が複数いる。たとえばキックバックという言葉を私が最初に知ったのは新聞や週刊誌ではない。田崎史郎氏（政治ジャーナリスト）がテレビで喋っていたからだ。

ＮＨＫが11月18日に『自民5派閥の団体　約４０００万収入不記載で告発　特捜部が任意聴取』と報じたあと、11月23日のＢＳフジ「プライムニュース」で田崎史郎氏が早々に安倍派の「キックバック」の慣習について解説していたのだ。そんなからくりがあったのかと驚いていたら1週間後の週刊文春（12月7日号）に安倍派の秘書の証言が載った。

「ノルマ以上に売れる議員は限られていますが、ノルマを超えた分については一定の割合で還付される慣行があります。いわゆる〝キックバック〟です」

収支報告書上の記載はしておらず、事実上の裏金になっているというのである。文春報道の日、自民党安倍派（清和会）の塩谷立座長はキックバックについて報道陣に問われて「そういう話はあったと思う」と語った。さらにそのあと慌てて「撤回」したから〝パーティー〟は余計に盛り上がり始めたのである。

ここで強調しておきたいのは田崎史郎氏の最近の面白さである。田崎氏は自民党の権力者たちとの近さを武器にしているからこれまでは権力者の「広報」的な役割にも見えた。しかし今回の裏金問題では田崎氏は知っていることを話すだけで「論評」になってしまうのである。なんとも皮肉な構図ではないか。

ほかにも功績があった

田崎氏の功績はまだある。最近、安倍派の議員がよく使う言葉に「政策活動費」がある。これも気になる言葉だ。キックバックされた資金についてたとえば池田佳隆議員の事務所は、「党からの政策活動費と認識して記載していなかった」

などとコメントしている。

政策活動費は、政党の収支報告書には議員名や金額を記載しなければならないが、議員側には記載義務はない。なので不記載は悪意がなくうっかりミスだったという主張なのだろう。

しかし田崎史郎氏はこの言い分について「安倍派は政策活動費だったと最近言い始めているが、口裏合わせというか、これでいこうという防衛ラインを決めたのではないか」と各所で喋っているのである。安倍派の算段をぶち壊す田崎史郎！

しかし一方で「ジャーナリスト」と名乗っているのだから、知っていたなら最初から教えてよという思いもある。実際、田崎氏は四国新聞のコラムでこっそり次のように書いていた（12月17日）。

《今回の政治資金パーティーを巡る疑惑がいずれ噴き出すことは知る人ぞ知る話だった。》

《昨年11月、「しんぶん赤旗」日曜版が報じて以来、自民党本部事務方トップは警戒感を抱き、岸田に早期解散を進言していた。》

なるほど、つい最近まで年内解散説が出ていたのはそういう理由もあったのか。解散してしまえばうやむやになるという作戦だったなら本当に姑息だ。それにしても田崎さん、こんな大事な問題を「知る人ぞ知る話だった」だなんて早く報じて下さいよ。

田崎氏のほかに目を引く活躍をしているのは岩田明子氏だ。元ＮＨＫ記者で安倍元首相に最も食い込んだという触れ込みの方だ。

岩田氏の「スクープ」は？

岩田氏の「スクープ」が放たれたのは12月13日付の夕刊フジだった。

安倍派の裏金の慣習について『安倍氏は激怒した』という岩田明子氏のリポートが載ったのである。

《ジャーナリストの岩田明子氏が緊急取材したところ、安倍晋三元首相が初めて派閥領袖に就任

した2021年11月より前から同派の悪習は続いており、それを知った安倍氏は激怒し、対応を指示していたという。》

安倍派は悪いが安倍さんだけは怒っていた、という岩田氏の火の玉「スクープ」である。

すると先週土曜の朝日新聞にこんな記事が出た。

『裏金還流、安倍派幹部把握か　22年、廃止決定後に撤回』（12月23日）

さすがだと思う一方で…

ここで注目するのは次のくだり。

《安倍晋三元首相が首相辞任後の21年11月に派閥に復帰し、新会長に就任。安倍氏は22年の派閥パーティーを5月に控えた同年4月、還流の取りやめを提案した。》

安倍氏亡きあと、最終的にこの方針は撤回され、従来通りの裏金としての還流が22年9月にかけて実施されたという。

これを読むと岩田リポートは合っていたようにも思える。さすがである。

一方で、岩田リポートと朝日新聞を読み比べると素朴な疑問が浮かぶ。岩田リポでは安倍氏がキックバックの慣習に「激怒した」というが、安倍氏は本当にそれまで何も知らなかったのだろうか？　清和会では森喜朗会長時代からキックバックの慣習は始まっていたという報道が既にあるからだ。安倍氏は、もうヤバいからやめようという「提案」だった可能性はないのか？

事実、朝日新聞は提案と書いている。そうではなく岩田リポの通り安倍氏は初めて気づいて「激怒」したのか。提案か、激怒か、このニュアンスの差は大きい。書き手の表現次第で変わってくる可能性がある。とても興味がある。

安倍氏自身の政治とカネ問題

そもそも安倍氏自身の政治とカネ問題はどうだったのだろう？　このお題も岩田氏に取材してほしい。桜を見る会では「前科」があるからだ（前夜祭の約3000万円の費用を政治資金報告書に不記載、公設第一秘書が略式起訴）。とにかくいろいろ気になることがある。これはもう岩田氏の第2、第3の「スクープ」に期待したいのである。

さて最後に「安倍派とパーティー」について、アエラ12月25日号で政治ジャーナリストの星浩氏が指摘していたのが印象的だった。この10年、安倍氏が中心に進めた政治について。

《アベノミクスによる金融緩和で大企業の業績を回復させた。大企業が多額のパーティー券を購入してきたのは、その「返礼」とも見える。また、安倍氏は集団的自衛権の容認を柱とする安全保障法制を、野党や憲法学者が反対する中で、強引に成立させた。それらの実行部隊となったのが最大派閥の安倍派だった。》

安倍派勢力の拡大と維持のために派閥パーティーの裏金が使われていたことは「明らかだ」と。

なるほど、そうなると安倍派と裏金問題はこの10年の日本を動かしてきた政策がどこを向いていたのかとか、それを実現する手法の話にも帰結してくる。詳しい検証が必要なのではないだろうか？　田崎さん、岩田さん、頼りにしてます。

2024年
2月20日

「全国に裏金」疑惑をスクープ——参院選・広島選挙区「大規模買収事件」をめぐり、地元紙が果たした〝役割〟

味わい深い「すがっち500」

政治とカネの問題が沸騰するなか、中国新聞がスクープを放った。

『甘利氏　全国に「裏金」か　19年参院選　宮城でも100万円　政策活動費　原資の可能性』（2月14日）

「裏金」＆「政策活動費」という注目のキーワードが出ている。この記事がどれほど重要なのか？　ここで昨年9月の中国新聞のスクープを振り返ろう。

『買収原資か　メモ押収　総理2800　すがっち500　幹事長3300…河井元法相宅で検察』（2023年9月8日）

2019年の参院選広島選挙区を巡る買収事件で、検察が河井克行元法相の自宅から押収したメモがあった。それが、

「総理2800　すがっち500　幹事長3300　甘利100」

このメモは当時の安倍晋三首相が２８００万円、二階俊博自民党幹事長が３３００万円、菅義偉官房長官が５００万円、甘利明党選挙対策委員長が１００万円を現金で提供したとうかがわせる内容だった。ちなみに「すがっち５００」がやたら味わい深い。河井氏の〝ボス〟が菅義偉氏だったのだが、裏では「すがっち」と呼ばれていたなんて。すがっち、実はナメられていたのか？

そしてこのメンバーの中で中国新聞の取材に答えたのが甘利氏だった。河井氏へ１００万円を渡したと認め、「他の候補にも一律に持って行っている。（原資は）党からのお金」（2月14日）と説明していたのだ。今回の中国新聞の記事は『全国に「裏金」』を証明したことになる。

ここで重要なのは「裏金」と中国新聞が書いていること。

《甘利氏が関係する主な政治団体や自民党の政治資金収支報告書（19年）を見ると、いずれの１００万円も記載されていない。使途公開の義務がなく、事実上の裏金と指摘される自民党の「政策活動費」を使い、陣中見舞いとして「裏金」を全国で配り回っていた可能性がある。》（2月14日）

「政策活動費」＆「裏金」というキーワード。いったん整理しておくと、政治資金パーティー「裏金」問題は自民党によるのらりくらり戦法で相変わらず全容が明らかになっていない。しかしそれとは別に「政策活動費」にも焦点が当たりつつある。

政党から議員個人に支払われる「政策活動費」は使い道を公開する必要はない。自民党の二階元幹事長は、幹事長時代の5年間でおよそ50億円を受け取ったとされている。政策活動費の多くは選挙に投入されていたのではないか？　その具体例として注目されているのが広島の大規模買収事件なのである。

「溝手いじめ」と言われていた

そもそも「河井夫妻大規模買収事件」とは何か。２０１９年7月の参院選広島選挙区にはどのような戦いがあったのか？　これを振り返ると本当に興味深いのだ。

同じ選挙区には自民党のベテラン溝手顕正氏（岸田派）がいた。しかし河井克行氏のパートナーである河井案里氏が新人として出馬した。自民党側からすれば「2人当選させて議席を独占」という建前なのだろうが、当初から「溝手いじめ」と広島では言われていた。理由は以下である。

『安倍が許さない仇敵　岸田が悩む〝仁義なき戦い〟』（週刊文春２０１９年6月27日号）

安倍首相はかつて1回目の政権のときに溝手氏に痛烈に批判されたことがあった。大敗した２００７年の参院選で安倍内閣の一員だった溝手氏は安倍氏の責任に言及したのだ。この恨みを安倍氏は忘れず、２０１９年の参院選で溝手氏への刺客として河井案里氏を送り込んだと報道された。そして河井克行氏は買収事件を起こしたのである。

そういう状況の中、自民党本部から河井案里氏側に1億５０００万円が振り込まれていたこともわかった。これは溝手顕正氏の約10倍。官邸の力の入れ具合が「金額」で証明された。

中国新聞社の取材班による『ばらまき　河井夫妻大規模買収事件 全記録』（集英社・２０２１年）

を読むと、今こそ重要な記述もたくさんある。

1億5000万円のうち1億2000万円は税金から出ている政党交付金だった。政党交付金は使途を収支報告書に記載し、公開しなければならない。

《そんなカネを「ばらまき」に充てるだろうか。むしろ足が付かないカネを使うのではないか……。》

中国新聞は取材を積み重ねる中で行き着いた結論があった。それは、

《「1億5000万円はばらまきの原資になっていない。1億5000万とは別のカネが克行の下に流れてきて、ばらまきに使われた」》

というものだった。では気になる買収資金はどこから出たのか。河井克行氏がばらまいた現金には「新札だった」との証言が相次いでいたことから「官房機密費が使われたのではないか」との見立てをする元衆院議員もいた。使途は公表されないカネだからだ。

自民党の根深い金権体質

さらに「政策活動費」も注目された。

《政党にも使途報告が不十分なカネがある。最たる例が政策活動費。政治家個人に提供した場合、その政治家に使途報告の義務はない。自民党の19年の政治資金収支報告書によると、党幹部18人に計13億円の政策活動費を支出。うち約10億円は幹事長の二階に渡っていたが、何に使ったかは

明らかにされていない。》

　つまり1億5000万とは別に、政権中枢から「表に出ないカネ」が河井夫妻に提供され、買収の資金に充てられた疑いがある。中国新聞は2021年にすでにそう書いていた。こういう経緯からの昨年9月、そして今回のスクープなのである。

《事件の要因としてあるのは、自民党の根深い金権体質だ。》

《そもそも河井夫妻は巨悪なのか。もっと背後に本当の巨悪が存在してはいないのか。それに検察は目をつむっていないのか。》

『ばらまき』にはそんな言葉もある。

　河井氏の買収事件そのものに関しては、金権体質が根絶されない要因には「法制度」もあると指摘している。選挙区が重なる政治家同士が資金をやりとりすることを認めるなどの法制度だ。

「政治家は制度に穴があるから悪用する。その穴が不祥事で浮き彫りになった。だったら、その不祥事を制度改革につなげないと意味がない」という識者の声も載せている。

　政治とカネの問題には「地方議員は集票マシン」という存在が大きいという。国会議員の選挙では地方議員が頼りにされるから危ないカネを渡してでも歓心を買おうとすると。なら、中国新聞のスクープのように、政治とカネの問題でも各地元紙の役割は今後ますます大きくなるのではないだろうか。

2024年
3月5日

二階元幹事長が「5000冊、1045万円分」も購入した〝ウワサの本〟を読んでみた。その内容とは

1045万円分購入した本

ちょっと前に自民党の二階俊博元幹事長の「書籍代3500万円」が話題になった。インパクトがありすぎて。

二階氏の事務所は、2020～22年の二階氏の政治団体の政治資金収支報告書を訂正し、追加した「書籍代」計3472万円の内訳を先月に公表した。一体何にどう使っていたのか。

公表された文書によると、議員活動としての政策広報のための支出として「出版社(作家)より出版構想、最低買い取り数量を提案され購入した」と説明していた。

政治家にとって都合の良い本ならたくさん購入してくれる素晴らしいシステムである。二階氏は「選挙区外の行政や議会関係者、その他、関連する政策を進める関係者」らに配布したという(毎日新聞2月14日より)。

ではあらためて購入本のリストを見てみよう。目を引いたのが『ナンバー2の美学 二階俊博の

本心』（大仲吉一監修）だ。この本をなんと５０００冊、１０４５万円分も購入していた。突出している。どんな内容なのか興味を覚えた方もいるだろう。実は私の本棚にもあったのだが二階氏から配布されたのではなく「１冊、１９００円」で自分で購入していた。なんだか悔しい。

というわけで噂の二階本『ナンバー２の美学 二階俊博の本心』をあらためて読んでみた。第４章「二階俊博、その生い立ち」がすごい。冒頭に「二階みかん」について書かれている。

まるで「笠地蔵」

《二階俊博と親交のある人間は、「二階みかん」をよく知っている。挨拶回りを兼ねて二階の地元である和歌山県産のみかんの入った段ボール箱を抱えて、二階俊博本人が玄関先までやってくるのだ。》

政界関係者によると今でこそ「二階みかん」は宅配便で届くが、かつては事務所のインターホンが鳴って覗くと二階が段ボール箱を玄関先に置いていく姿が見えたという。濃い映像が浮かぶ。まるで笠地蔵である。

本書はこれらの例を挙げて二階の人心掌握術の極意について、

「義理（G）と人情（N）とプレゼント（P）」

略して〝二階のGNP〟と紹介している。

これを真面目に紹介しているからたまらない。先ごろ日本はGDPでドイツに抜かれ４位転落というニュースがあったが何も落ち込むことはない。日本には〝二階のGNP〟があるのだ。

しかしよく考えると二階氏を読み解くヒントがここにあるのではないか。政治資金で書籍を買い取って配りまくるというのはまさに〝二階のGNP〟ではないか？　共通して見えてくるのは「内輪にはやさしく、仲間になると利益がある」ことだ。

50億円は何に使った？

この構図はもっと大きなカネにも当てはまらないか。たとえば「二階の50億」だ。政治とカネの問題をめぐり、あらためて注目されているのは公開義務がない政策活動費。これを二階氏は幹事長時代に5年で約50億円受け取っていた。

では何に使っていたのか？　二階の「義理（G）と人情（N）とプレゼント（P）」を考えるとわかりやすい。幹事長として選挙で配りまくったのだろうか。みかんではなくカネを。

やはり二階氏にはいろいろ聞かなきゃいけないことが多い。政策活動費のほかは「裏金」問題もそうだ。

先週末、政倫審（衆院政治倫理審査会）がおこなわれた。しかし不記載額が大きい二階氏や安倍派の幹部である萩生田光一氏の姿はなかった。巧妙だと感じたのは政倫審出席の線引きを「派閥の事務総長経験者」とすると二階氏と萩生田氏は当てはまらなくなることだ。

では事務総長経験者たちは何か新しいことを証言したかと言えば、従来の答えを繰り返した。

二階派は事務総長の武田良太氏が出席し「二階氏は紛れもなく派閥の象徴だが、一切事務や経理に関わっていない」と述べた。では自分が何を説明したかと言えば知らないという繰り返し。

しかし、

《質疑を行った自民党の中谷真一氏は、二階氏の身代わりとして武田氏が政倫審に出席したとして「さすが代議士だと思います」と持ち上げた。》（産経ニュース2月29日）

なぜか持ち上げられていたのである。こうして衆院の政倫審は終了。この「イベント」が始まる前から次のように指摘していたものもあった。

《政倫審出席が今国会の天王山のように扱われることも片腹痛い。弁明の機会を与えることで国会の機能を保つための政倫審が与野党攻防の本丸や、予算案の駆け引きのようになること自体が茶番と化す。》（日刊スポーツ「政界地獄耳」2月29日）

疑惑議員の駆け込み寺

そう、歴史を調べると偽証罪がある証人喚問を避けたいがために政倫審に出て、それをもって「禊《みそぎ》はすんだ」と幕引きを狙う場にも利用されていたこともある。「政倫審は〝疑惑議員の駆け込み寺〟と呼ばれる」とも（信濃毎日新聞3月2日・社説）。

そんな政倫審が天王山のように扱われるのは本来おかしい。しかも政倫審はいつのまにか予算案を通すことの駆け引きの場になっていた。素朴な疑問なのだが、自分の裏金や党のカネの問題をクリアにできない人たちになぜ国の予算を任せられるのだろうか？　最も感じる矛盾である。
政倫審1日目の終わり頃、大谷翔平結婚のニュースが飛び込んできた。翌日は安倍派幹部出席の政倫審がまだ控えていたが、
《党執行部に深刻さはない。党三役の一人は29日夜、大リーグの大谷翔平選手の結婚報道に触れ「今日はもう、大谷のニュース一色だ。明日も（大谷選手の）会見がある。明日も大谷だ」と余裕を見せた。》（朝日新聞3月1日）
ああ、とことん舐められている。

2024年
4月2日

政治家を「先生」と呼ぶ記者にビックリ、さらに驚いた瞬間
二階元幹事長の「不出馬会見」で気になった〝場の空気〟

驚いた場面

先週月曜におこなわれた自民党の二階俊博元幹事長の会見。記者の質問に「ばかやろう」と言ったことがニュースになったが、私はあの会見自体の空気がどうしても気になったのだ。

「ばかやろう」の前段はこの質問だった。

「このタイミングで、次の衆院選の不出馬を決められたのは、やはり政治資金パーティーの問題、不記載であったこととの責任を取られたと考えていいのですか？　それとも二階先生のご年齢の問題なのでしょうか？」（毎日放送の質問）

記者が二階氏を「先生」と呼んでいたことが気持ち悪かった。

先生……？　あえて嫌味で呼んでいるなら面白いがそういう感じではなさそうだ。

政治家は私たちの代表、つまり代理人である。なぜわざわざ先生と呼ぶのだろう。百歩譲って二階氏に何らかの世話になった熱烈な支援者がそう呼ぶならともかく、マスコミの人間が公の場

でも先生と呼んでへりくだっている。なるほど政治家側も勘違いする土壌があるわけだ。

さらに驚いたのは二階氏の「ばかやろう」発言の直前、「お前もその年、くるんだよ」と言った際に笑い声が聞こえたことだ。記者なのか関係者なのか。動画で何回も確認したがやはり聞こえた。ゲラゲラという爆笑ではなく「二階さんらしいわ、ヒヒ」というニュアンスの笑い方だったが、あそこで笑う？

そもそも「ばかやろう」と言われてなぜ誰も暴言を問わないのか。小声すぎて聞こえなかったのか？　では二階氏の会見だというのに、後ろにいる男性がほぼ答える不自然さをなぜ問わないのか。あれは誰にでもわかる違和感だったはず。

会見で二階氏の後ろにいた人物

後ろにいた男性は林幹雄という幹事長代理を務めた人らしいが、二階氏の護衛のように控え、平気で口を出してくる。あの構図こそ「二階とは何か」を問う象徴的な場面だと思うのに、なんでみんな平気なの？　会見を見た視聴者（世の中）とのギャップがありすぎた。でもこういう感じが二階氏を読み解くポイントなのかもしれない。

思い出してほしい。二階氏が裏金で購入していたとする書籍が約3500万円という話題があったとき、最も支出額が多かった『ナンバー2の美学　二階俊博の本心』とはどんな本なのか、当コラムで報告した。

それによれば二階氏が人心掌握に長けているといわれる極意は、

『義理（G）と人情（N）とプレゼント（P）』

略して〝二階のGNP〟と紹介していた。真面目に書いているから笑えるのだが、ここから読み取れることは何か？

二階のGNPから見えてくるもの

巨額のカネで書籍を買い取って配りまくるのも〝二階のGNP〟なのだ。見えてくるのは「内輪にはやさしく、仲間になると利益がある」ことだ。この構図は「二階の50億」にも共通する。公開義務がない政策活動費で、二階氏は幹事長時代に5年で50億円受け取っていた。そのカネを何に使っていたのか。政治とカネ、裏金問題そのものである。「仲間になると利益がある」は壮大な内輪の論理であり、政治家・二階俊博の本質なのではないか？

今回の二階氏について自民党内はどんな反応なのか。キーワードは「世耕」だ。二階氏と同じ和歌山を地盤とする安倍派の世耕弘成参院議員は衆議院へのくら替えを狙い続けてきたが、世耕氏にも裏金事件が直撃。なので、二階氏は息子を後継者にするタイミングとして、
《首相周辺からですら「次の地元選挙のことを考えてもベストなタイミングだ」との声が漏れる。》（朝日新聞3月26日）

党内では二階氏の決断を褒める声が多いようだ。

しかし、

《二階氏の不出馬表明をめぐり、自らへの処分を回避し、後継問題でも優位に立つという意味で、その政治的技術を称賛する声が党内には広がるが、それはあくまで内輪の論理に過ぎない。》（同前）

新聞の論調は…

内輪の論理。結局、裏金についての説明はないまま終わらそうとしている。有権者にとって「ベストなタイミング」だの「政治的技術」だのは心底どうでもいい。

新聞の論調もおおむねそう。

『二階氏の不出馬　責任逃れは許されない』（京都新聞3月27日・社説）

『二階氏の不出馬表明 処分逃れ、裏金解明遠のく』（河北新報3月26日・社説）

『二階氏の不出馬表明　責任逃れの幕引き許されぬ』（中国新聞3月26日・社説）

ただ、新聞にもいろいろある。北國新聞の「時鐘」（一面コラム、3月29日）は『義理と人情』というタイトルで二階氏について、

《義理人情の人を続けるのは楽ではないだろう。何かとお金もかかる、と想像する》

《義理人情に厚い親分としては政治責任を取ると言わざるを得ない場面である》

《不本意な姿の幕引きも安倍派の政敵を封じ込めるための演出に生かしたのかもしれない。それ

が分からないのかと言いたかったのか、会見で85歳という年齢の影響を問われて「ばかやろう」とつぶやいた》

説明責任より義理人情がお好き？

そして、

《昭和の空気をまとう政治家には住みにくい世間になった》

とも書いていた。政治とカネの説明責任より義理人情がお好きなよう。そういえばこのコラムは昨秋の馳浩知事の五輪機密費発言の際に、

《「機密」を口にしたら身も蓋もない。触れない方がいいことには触らない。伏せておくことは、しゃべらない。それで世の中は成り立つ。》（２０２３年11月22日）

と、およそ言論機関とは思えないことを書いていたっけ。自分も権力側という視点だった。森喜朗先生と仲の良い新聞だけある。二階先生、次回は北國新聞がある石川県から出馬したらどうですか。

2024年
4月9日

裏金の多さは自民党「3位」なのに、萩生田氏の処分はなぜ軽い
「処分の線引き」をめぐるミステリー

「500万円以上」という基準

自民党、裏金事件で39人を処分。このニュースに「自民党内の処分なんて茶番だろ、興味ない」と思う方もいるかもしれない。でも茶番には茶番の大事なポイントがある。知っておくべき点がある。

たとえば、

（1）処分の線引き「500万円」ってどんな理由？

（2）裏金の金額が多いのになぜ萩生田光一氏は処分が軽い？

という点だ。

まず（1）について。処分の審査対象を500万円以上の議員（2018～22年の5年間の不記載額）とする理由だが、ぴったりの解説があった。4月2日の読売新聞。

『処分の線引き　設定腐心…自民、党紀委開催へ』

党執行部は当初は「1000万円以上」とする案を検討したという。

しかし、

《この場合、対象者は約20人にとどまる。一方、基準を500万円以上に引き下げれば、対象者は倍に増える。》

対象者が倍の「39人」に増えると何かいいことがあるのか？

ここで出てくるのが2005年の小泉純一郎首相だ。小泉首相が主導した郵政民営化関連法案で、採決に造反した自民党議員がいた。党紀委での処分は最多の議員59人に上り、37人が除名や離党勧告の処分を受けた。つまりそれ以来の「39人処分」とすることで、

《執行部は05年に次ぐ大量処分とすることで世論にアピールする一方、「郵政超え」は回避し、党内の反発に配慮した形だ。》

何のことはない。〝あのときの小泉以来の処分の多さ?!　自民党の決断すげー！〟と言われたかったらしいのだ。でも誰も驚いていないから、やってる感は不発となった。茶番が茶番たる理由はしっかりあるのである。

萩生田氏の処分はなぜ軽い？

続いて、萩生田光一氏（裏金2728万円、自民3位）はなぜ安泰なのか。裏金の多さに比べて党の役職停止という軽い処分だった。国会では「最大のミステリー」とツッコまれていた。

各紙を読み比べると、萩生田氏は安倍晋三元首相の随一の側近として知られ、森喜朗元首相の評価が「5人衆」の中でも高い。麻生太郎副総裁ともパイプを築き、岸田首相と距離を置く菅義偉前首相とも良好。

なので、

《9月の総裁選での再選をにらむ首相が、折り合いの悪い実力者同士のつなぎ役にもなり得る萩生田氏を引き込もうと「情実」で処分案を決めたとの見方も》（朝日新聞4月4日）

日刊スポーツには、

《いまだに裏金問題との関係が不透明な森喜朗元首相との関係の近さが影響したと、いぶかる向きもある。》（4月5日）

何のことはない。萩生田氏の処分が軽いのは大御所に可愛がられ、岸田首相が総裁選で頼りにしてるからというもの。やはり茶番が茶番たる理由はしっかりある。萩生田先生のパイプといえば旧統一教会ともあった。さすが幅広い！

世耕氏の〝高度なメッセージ〟

では、安倍派の他の5人衆は今回の処分でどんな反応だったのだろう。素晴らしかったのは世耕弘成氏だ。

『「自分の立ち位置把握を」自民離党の世耕氏、近大入学式で祝辞』（毎日新聞WEB4月6日）

離党勧告を受けて離党した世耕氏は理事長を務める近畿大の入学式に出席。新入生への祝辞で、「変化の激しい社会で自分の立ち位置をしっかりと把握してもらい、立派な社会人として近畿大を巣立っていただきたい」

と述べたという。さすがだ。自民党を巣立った世耕氏にしか言えない祝辞である。自分の立ち位置は見えないようだが、反面教師にしろという高度なメッセージなのかもしれない。

産経ニュースによると、世耕氏の近畿大理事長ポストの辞任を求める署名活動は、近畿大の入学式があった6日だけで1万人以上の賛同を得たという。また世耕先生は巣立つのだろうか。

面白かった議員の反応

さて今回の処分を受けて反応が面白かったのは「5人衆の一人」だ。

朝日新聞（4月5日）によると、処分が発表されたあと、ある中堅議員は5人衆の一人とエレベーターで乗り合わせ、「大変ですね」と声をかけた。

すると、

《幹部はあっけらかんと語った。「あの時の方が大変だった」。若い頃のスキャンダルを追及された閣僚時代を例に笑っていたという。》

この5人衆の一人って誰だろう？　閣僚時代に若い頃のスキャンダルが暴露？　ぱっと顔が浮かんだのは下着ドロボー疑惑を報じられた過去を持つ高木毅氏だが、真相やいかに。

しかし発言の主が誰であっても「あの時の方が大変だった」と言うくらいなのだから、今回の自民党内の処分はやはりお手盛りで適当だったのだなぁ。

皮肉を言えば、私は今回の裏金問題を知ったときに、海外ではこれほど深刻にならなかったのでは？　と思った。なぜなら政権交代があるからだ。下手を打てばすぐに交代させられるという緊張感が常にある。１月に現地で見た台湾総統選もそうだった。緊張感があることは政権交代以上に重要だと痛感した。

不祥事が発覚してもろくに説明しない、曖昧なままでやり過ごすのは「何をしても大丈夫、時間が経てば忘れる」と思っているからだろう。茶番には茶番の理由があるのだ。これも知っておくべき点なのである。

2024年
8月6日

「どうせ国民は裏金問題を忘れる」照ノ富士の優勝パレードに出没"萩生田光一2728万円"はなぜ「もう大丈夫」と思ったのか

国民は忘れると思っているフシがあった

先日驚いたのは、Xに投稿された次のポストだ。

は？？？なんで萩生田2728万円が優勝パレードの車に乗ってんの？？？？？？？（後援会長なのは知ってる）

大相撲名古屋場所で優勝した横綱・照ノ富士の優勝パレード。その車に自民党の萩生田光一前政調会長が乗っていた。エッセイストで好角家でもある能町みね子氏が「なんで」と投稿していた。

確かになんで？　である。裏金2728万円で批判の渦中にある萩生田氏が「なんで今、パレードに参加したのか」「なんで大丈夫だと思ったのか？」。その厚かましい……いや、英断の謎を知りたくなる。

細かく指摘していたのは日刊ゲンダイ。照ノ富士の後援会長という理由なら、今年1月の初場所でも照ノ富士は優勝した。しかし、萩生田氏が当時のパレードに参加した形跡はなかった。なので、「初場所の優勝パレードは通常国会の開会直後で、裏金追及が本格化するタイミングでした。きっと表に出られなかったのでしょう」という永田町関係者のコメントを紹介していた（8月1日付）。

となると、裏金問題はそろそろ下火になってきたので、今回は表に出ても大丈夫、と萩生田氏は判断したのだろうか。

実際、裏金議員たちは時が経てば国民は忘れると思っているフシがあった。

たとえば「政治資金問題で倫理審査を議決された自民の44人、出席意向はゼロ」（読売新聞オンライン5月20日）という事実。

これでは解明が進まない。不祥事が発覚してもろくに説明しないままでやり過ごすのはどうせ国民は忘れると考えていたからだろう。

なので私は「萩生田光一２７２８」とか「二階俊博３５２６」とか裏金の不記載額（万円）を名前の隣につけるべきでは？　と提唱してきた。忘れさせないためのアイデアである。

裏金の説明よりも選挙対策、萩生田氏の「都知事ステルス支援」

では「裏（金）」の人が「表」に出る時系列をおさらいしよう。

萩生田氏は6月3日夜の時点では「しばらく表に出にくいが、今まで通りのつながりを大事にしたい」と仲間との会食で語っていたという（朝日新聞6月19日）。

そのあとの東京都知事選で萩生田氏は自民党東京都連会長として小池百合子氏の支持を表明。しかし応援演説には姿を見せず「ステルス支援」と呼ばれた。

都知事選は小池氏が勝利したが、東京都議補選での惨敗の責任をとって萩生田氏は都連会長を辞任。これは7月16日のことだ。

それと並行して大相撲名古屋場所は7月14日に初日を迎えた。千秋楽（28日）の優勝パレードで萩生田氏は世間にアピールするように姿を見せた。

つまり7月中旬以降から「もう表に出ても大丈夫」という判断をしたようなのだ。禊《みそぎ》を済ませたつもりなのだろうか。先述したゲンダイの記事にはこんな見方もあった。

「7日投開票の都議補欠選挙・八王子選挙区では、子飼い候補が惨敗しました。露出を増やさないと次期衆院選で自らの当選が危ういと感じているのでしょう。最近は地元の祭りや会合に頻繁に顔を出していますよ」（萩生田氏の地元・八王子市政関係者）

落選危機を避けるためならまず裏金の説明からだと思うが、それはせずに「選挙対策」が始まっている模様なのだ。これは萩生田氏に限った話ではない。自民党全体がまさにそう。

自民党内では次の総裁は「女性か若い人」と……

最近の新聞を読むと9月におこなわれる総裁選の記事ばかりだ。

『号砲　総裁選　小泉氏　選挙の顔　力量不安も』（朝日新聞）
『総裁選　小林鷹之前経済安保相　コバホーク雄飛なるか』（産経新聞）
『自民・茂木氏　揺れる野心』（毎日新聞）
裏金問題から党の「刷新」イメージができる候補を求める動きがあると書かれている。中には露骨なこんなコラムもあった。
『「次」は女性か若い人』（四国新聞7月14日）
〝政治ジャーナリスト〟田崎史郎氏が、麻生太郎氏が周辺に漏らしているという言葉を紹介している。
《麻生氏が念頭に置く「女性」と「若い人」の正体
「次は女性か、若い人じゃないか。若い人は50歳以下だ」》
麻生氏の念頭にあるのは上川陽子、小泉進次郎、小林鷹之とみられていると田崎氏は書く。
個人の資質より「女性」や「若い人」が先にきているのはいかにも選挙利用に見えるし、そういう麻生氏の言葉を嬉々として伝える田崎氏もどうなのかと思う。
※ちなみに田崎氏のコラムを載せている四国新聞は自民党・平井卓也議員の一族が経営している新聞。これだから四国新聞は逆に見逃せない。
今回の自民党裏金事件は昭和の末に起きたリクルート事件とよく比較される。党全体にわたる組織的で大規模なスキャンダルという点が共通するからだ。

あのとき挽回しようとした自民党はカネに清潔なイメージがあって頑固さが人気だった元外相の伊東正義氏を総裁（首相）に選ぼうとした。

しかし伊東氏は、「本の表紙だけを替えても中身が変わらないと駄目だ」ときっぱりと固辞した。世間はその言葉に拍手を送ったが、今回自民党はまた本の表紙だけを替えようとしている。さらには伊東正義のように当たり前のことを言う人物が党内に見当たらないのも致命的だ。隙あらば大相撲の優勝パレードに「便乗」して露出を増やすことを考えている人物が党の重鎮なのである。

もし〝本の表紙〟だけを替えたとしても、カバーをめくった本当の表紙は萩生田氏のはずだ。現在の自民党の顔であり、次の選挙の顔である。萩生田光一を先頭にしてゾロゾロいる裏金議員たちこそが本の表紙である。「萩生田２７２８万円」を忘れてはならない。

2024年
9月24日

「再調査は？」に沈黙——自民党が「もうええでしょう」で終わらせたい〝裏金&統一教会問題〟の深すぎる闇

「公正中立な報道を」メディアへの介入

自民党総裁選の真っただなか、もっと驚いたほうがよいのでは？　というニュースが二つあった。

一つ目はこれ。

・自民「公平報道」を要請 総裁選、新聞・通信社に（共同通信9月10日）

《各社の取材は規制しないとした上で、インタビューや取材記事、写真の内容や掲載面積に関し「必ず各候補者を平等・公平に扱うようお願いする」とした。》

要はメディアへの介入である。新総裁が次の首相になるなら有力候補が何を考えているか、どんな人物なのかという報道が多めになるのは当然のことだ。

私は8月の当コラムで新総裁が誕生して解散総選挙をすることになった場合《自民党は今度はテレビ局に「公平中立な報道を」とけん制しまくる。お約束のこの振る舞いは今回も見どころの一つ。》と書いたが早々に的中してしまった。

自民党は2014年の衆院選の際、報道の公平性などを求める文書を在京テレビ各局に送っていた。差出人は萩生田光一筆頭副幹事長と福井照報道局長の連名。

あのときの「効果」についてメディアは萩生田氏に文書を送って尋ねてほしい。

続いての驚きのニュースはこちらだ。
・衆院選10月27日の見方拡大 政府、1日国会召集を伝達（共同通信9月12日）
臨時国会を10月1日に召集する方針というもの。

《自民内には、新首相誕生の勢いを維持したまま、速やかに衆院選を実施する日程に期待の声がある。》

総裁が誰になるかわからないのに、衆院選の手際がやたら良い

これは総裁選の告示日のニュースである。まだ誰が自民党の「顔」かわからない。しかし衆院選は速やかにできるようやたら手際が良い。

どこか既視感があると思ったら話題のNetflixドラマ『地面師たち』だ。土地の所有者になりすまし、土地を売る契約を速やかに迫る地面師たちのあの手口である。新総裁誕生という〝刷新感〟があるうちにさっさと衆院選をやってしまえという「自民師たち」に見えてきた。

あれ、国会論戦は？　裏金問題は？　と問われようものなら「もうええでしょう」と言いそう

な勢いである（ドラマの中で法律屋役であるピエール瀧がピンチを切り抜けようとするときのセリフ）。

実際、「裏金問題、もうええでしょう」という認識があらわになった記事があった。石川県の北國新聞が掲載した森喜朗インタビューが凄かったのだ（9月16日）。

森氏は「うちの派（旧安倍派）の連中は苦しんでいる」との前置きから、《萩生田（光一前政調会長）さんとはいろいろを話している。今はつらいだろうが、ここを乗り越えてこそ大成できる」と伝えている。》と語っていた。

まるで萩生田氏が事故にでも遭って耐え忍んでいるかのような言い方だ。萩生田氏は政治資金収支報告書に不記載の裏金額が計2728万円（5年間）もあったことが明らかになったわけで被害者でもなんでもない。森氏の認識も凄いが「不記載」「裏金」の文字を一切使わずにこの記事を書く北國新聞も凄かった。

しかし森喜朗の願いもむなしく、翌日にまた萩生田氏にスポットライトが当たってしまう。

『安倍氏、旧統一教会会長と面談か 13年参院選直前 総裁応接室 萩生田氏・岸氏も同席』（朝日新聞9月17日）

朝日新聞のスクープである。一面に載せた写真には旧統一教会の会長らと記念撮影する当時の安倍首相のほか、萩生田氏もバッチリ写っていた。

「裏金」と「旧統一教会」の〝二刀流〟がクローズアップされた萩生田氏

これまで「党として教団との組織的な関係はない」と繰り返してきた自民党だが、互いのトップと幹部が選挙協力のための面談をしていた濃厚な証拠が出たのである。

22年7月の安倍氏銃撃事件をきっかけにおこなわれた、教団側との接点の調査については議員の自己点検に委ねられた。安倍氏は点検の対象外とされ、岸田文雄首相は国会で「お亡くなりになった今、確認するには限界がある」と調査自体を拒んできた。

しかし今回の写真と記事である。複数の関係者は「4日後に公示を控えた参院選で、自民党比例区候補の北村経夫・現参院議員を教団側が全国組織を生かして支援することを確認する場だった」と話している(同前)。

萩生田氏は朝日新聞の取材に対し、「私です」と写真の人物が自分であることを認めた。一方で記録も記憶もなく、北村氏の選挙支援について話をしたかも「わからない」という。「今はつらいだろうが、ここを乗り越えてこそ大成できる」と森喜朗に言われた萩生田氏だが、あらためて「裏金」と「旧統一教会」の〝二刀流〟がクローズアップされたのだ。

総裁選の時期に旧統一教会問題をぶつけてきたのは朝日の意地悪ではなく問題提起だろう。それより私が注目したのは安倍首相らが教団に票の依頼をしたという北村経夫氏について「元産経新聞政治部長の北村氏」と朝日が強調していたことだ。

翌日の記事では「元産経新聞政治部長の北村氏は初めての選挙で知名度に乏しく、票の積み上げが必要とされていた」とまたも丁寧に書いていた。朝日新聞の意地悪を言うならこっちである。産経新聞はイライラしているに違いない。

「13年の時点で情報を得ていた」鈴木エイト氏が語ったこと

『自民党の統一教会汚染　追跡3000日』（小学館）などの著書があるジャーナリストの鈴木エイト氏は、「私は13年の時点で、『党内の有力議員を通じて教団が安倍政権に接近した』との情報を得ていましたが、その有力議員が誰なのかわからなかった。この写真により、萩生田氏が教団と安倍・岸家とのつなぎ役だった可能性が浮かび上がってきました」と語る。

再調査の必要性を訴え、総裁選でも徹底調査を公約にすべき問題であるとX（旧ツイッター）でも発信している。

再調査については興味深い場面があった。17日の「ｎｅｗｓ23」（ＴＢＳ系）で、小川彩佳キャスターが9人の候補者に対し、自身が総裁になった場合、教団との関係に関する再調査を行うかどうか問いかけたが、挙手する候補は皆無だった。あれだけ「必ず各候補者を平等・公平に扱うようお願いする」と文書で圧をかけていたのに、いざ平等・公平に質問したら放送事故のような静けさだったのである。

さてここまで書いてきたが「裏金」と「旧統一教会」の2点セットから見えてくるものは何だ

ろう？　それは「有権者は選挙に行ったほうがいい」という当たり前の結論だ。

　裏金問題の重要点はその裏金を何に使ったのかだ。もし選挙で特定の人々のために使っていたら民主主義から対極の行為になってしまう。一方で投票率が低ければ低いほど旧統一教会のような組織票すらも反映されやすくなる。選挙に行っても変わらないなどと言っているとシメシメと思う人や組織がいるのだ。

　だから私たちは選挙に行ったほうがよいのだ。いろんな意見や考えを反映させたほうがいい。これが「裏金」と「旧統一教会」問題の共通の教訓である。それにしても秋になるにつれて萩生田祭りのにぎわいが一段と凄くなってきました。

Ⅱ　石破新体制でも選挙敗北　与野党伯仲時代の到来

2024年
10月1日

「カルトだよ。危ないよね」石破茂新体制を生んだ〝究極の選択〟自民党議員たちが高市早苗を選ばなかった〝想像以上の嫌悪感〟

「『高市』と言うとバッシングが起きるから、みんな黙っている」

自民党総裁選は石破茂氏が5回目のチャレンジで総裁になった。決選投票に石破氏と共に進出したのは高市早苗氏。高市氏は1回目の投票では国会議員票、地方票ともに石破氏を上回ったが、決選投票では21票差の僅差で石破氏に敗れた。

世論調査や報道を見ている限りでは高市氏は一気に伸びてきたように見えたし、そのように解説されていた。しかし高市氏は本当に「途中から伸びた」のか？　実は最初から支持は高かったのではないか？

そうした仮説で考えてみるといくつか興味深い記事があった。まずは東スポだ。

『高市早苗氏支える〝選挙の神様〟の票読み「石破さんよりは議員は掌握している」』（9月26日付）投開票前日の記事だ。話しているのは選挙プランナーの藤川晋之助氏。「自身が支援する高市氏の勝利に自信を見せた」とある。藤川氏は東京都知事選で前広島県安芸高田市長の石丸伸二氏の選挙参謀を務めた。

石丸氏が2位となり〝石丸現象〟と言われたのは記憶に新しい。藤川氏は今回石丸氏の時と同様に大手コーヒーチェーン「ドトールコーヒー」の鳥羽博道名誉会長から「高市を頼む」と要請され、支援することになったという。

藤川氏は高市氏の国会議員票について「高市さんは30って言われてるけど。『高市』と言うとバッシングが起きるから、みんな黙っている」と語る。そして「石破さんよりは議員は掌握していると私は読んでますけどね」。

私はこの部分を読んで2016年の米大統領選の際に言われた「隠れトランプ」を思い出した。表立っては言わないけれど投票になるとこっそりトランプに投票するというアレだ。今回は「隠れ高市」が多かったのだろうか。実際、1回目の議員票は72票で予想された数字よりもかなり高かった。

高市氏は議員票だけでなく地方票も多かった。党員・党友票を伸ばした背景についてスポーツ報知は2点挙げている（9月28日）。

（1）保守系団体「日本会議」が「安倍晋三元首相に代わるスターに押し上げた」（高市陣営関係者の分析）

（2）都知事選で善戦した石丸氏の参謀役を担った選挙プランナー・藤川晋之助氏の存在

この2点については同日の朝日新聞も書いていた。高市氏側は総裁選を見越し、地方票の掘り起こし戦略を検討。毎週末に全国各地の講演会に出向いていたという。注目は次だ。

小泉氏の答弁能力に不安を感じて高市氏に

《保守系の運動団体「日本会議」と連携する地方議員たちも支援に回った。》

そして高市氏のネット上での人気の高さも挙げ、都知事選で石丸氏を支援した民間スタッフ約50人が、SNS上での拡散に寄与したと陣営関係者が明かしている。

読売新聞も高市氏について『ネット・地方重視奏功』と書いた。ネット動画で「都市部の党員への浸透も図ってきた」という陣営の証言があった。

現場で取材している人はどう分析しているのか。ジャーナリストの鈴木哲夫氏に疑問をぶつけてみた。

鈴木氏は「取材してる限りではやはり高市さんは急に伸びた。いわゆる敵失です。小泉進次郎さんが落ちてきたことが大きい」と語る。小泉氏の答弁能力に不安を感じたので高市氏に乗り換えたという人が多かったという。

なるほどやはり途中から伸びたのか。ちなみに地方票では依然として石破氏が強く、高市氏に目を見張るべきは都市部の強さだとも。

ではなぜ高市氏は決選投票で石破氏に逆転されたのか。読売新聞は『「反高市票」流れる』とし、〝党内随一のタカ派〟〝高市氏の保守強硬的な主張〟に対して「初回投票の結果を見てまずいと思い、石破氏に流れた票もあるはずだ」との自民議員の声があった。

朝日新聞は「高市氏が首相になれば、戦後の外交・経済が全部ふっとぶ」（党幹部）という危機感から僅差での敗北につながった可能性があると書く。

東京新聞には投票日ドキュメントがあった。

その中で衆院第2会館でおこなわれた石破氏と河野太郎氏の出陣式の会場から出てきたある議員は、高市氏の地方票が伸びているとのマスコミの調査結果を受け、記者団に「もうちょっと離したい。カルトだよ。危ないよね」と警戒感をあらわにしたとある。カルトという言葉まで出てきた。

あまりに右に傾くことにマズいと感じた自民議員が「好きじゃないけど石破に投票」だったということか。実際「石破氏は高市氏との『究極の選択』で議員支持を得ただけで、党内に人望があるわけではないことを政権運営で肝に銘じるべきだ」（政府高官・読売新聞）というコメントもあった。決選投票が究極の選択だなんて！

今回の総裁選では、自民党の伝統的な知恵が働いたのだろうか。与党で居続けるための「悪知恵」と言ってもよい。今まで党内で野党的な立場とみられていた石破茂氏なら党の印象を変えられるという、選挙をしのぐためだけの「看板の掛け替え」にも思える。

しかしこれまでの石破氏は世論に近いことを言いつつ、すぐにブレる印象もある。党内にばかり顔を向けるようになれば世論はすぐに気づく。今までの批判精神を発揮できるかが問われる。

それでいうと私が石破発言で注目するのは「日米地位協定の見直し」だ。地位協定の特権によって、米軍関係者が日本国内で事件や事故を起こしても日本側が十分に捜査できないなどさまざまな問題が生じている。理不尽の塊である。見直すことができれば画期的だ。

石破氏に電話で直接取材！　返ってきた答えは……

しかし総裁選翌日に、読売新聞政治部長はこう釘を刺した。紙面上で石破氏に対し、《こうした意向が伝わるだけで日米同盟の信頼に影を落とし、日本の抑止力、外交力が低下しかねない。早期に軌道修正し、懸念を払拭するメッセージを出すことが不可欠ではないか。》と修正を求めたのだ。石破氏がブレる予感がプンプン。

すると偶然なことに私は総裁選翌日に石破氏に直接質問をすることができた。前出の鈴木哲夫氏と時事通信の山田惠資氏を招いて自民党総裁選と立憲代表選を総括するイベントをやったのだが、ライブ中に鈴木氏が石破氏に電話をかけたら本人が出たのだ。

私は「日米地位協定を本当に見直しますか、ブレませんか」と問うと石破氏は「ブレません」と言った。党内にばかり顔を向けることもない、と。

言質がとれてしまった。ブレたら「公約違反」である。

その一方で解散は国会論議を尽くしてからと言っていた石破氏だが10月27日の投開票という早い日程で動き出している。言ってることがもう変わり始めているように見える。

本日石破氏は首相に選出されるが、裏金や旧統一教会問題も含めてなぜ岸田政権が退陣せざるを得なかったかを忘れ、おまけに主張がブレ始めたら早期退陣の匂いすらある。あ、まだ首相に就任していないうちからすいません。

2024年
10月8日

「負けたら石破の責任、勝ったら裏金はチャラ」石破茂は自分が〝使い捨て総裁〟だといつ気づくのか

「ブレません」と言った〝重要政策〟も……

過去の自分が殺しに来る。以前読んだ雑誌にあった言葉だ。ひとことで言うならおじさんのアップデートについてだった。おじさんは過去の自分と直面させられることもあるはず。ならば開き直るのではなく、せめて今日からは変わろうとするしかない。おじさんの分岐点について考えさせられた。

さてそんな意味とは別に「過去の自分が殺しに来ている」のが石破茂氏ではないか。自民党総裁になった直後、私は石破氏がこれから戦うのは野党ではなく過去の自分だろうと思った。今までの党への批評や提言を実行できるかチェックされるからだ。

すると、ブレにブレた。石破氏は総裁になる前は解散総選挙について国会論戦が重要とし、早期解散に慎重だった。ところが、総裁になった途端に衆院選を「10月27日投開票」とする方針を表明した。さっそく〝自民党に取り込まれた〟のである。

10月4日には『裏金議員を原則公認へ 首相、比例重複も容認 衆院選』（朝日新聞）と報じられた。総裁選の最中には公認しない可能性も示唆していたので、ここまで変わるかと感嘆すらした。

政策に目を向けると、石破氏は「日米地位協定の見直し」について言及していた。私は総裁選翌日にジャーナリストを招いてライブをやったのだが、ライブ中に石破氏に電話がつながり「日米地位協定を本当に見直しますか、ブレませんか」と問うと石破氏は「ブレません」と言った。しかし、所信表明演説では日米地位協定には触れなかった。選択的夫婦別姓については導入に前向きな考えを述べていたが、公明党との連立政権合意では記載が見送られた。

かなりのヨロヨロ具合だが、実はこの展開は予想できていた。

政界で活動する人物たちを、長年ウォッチしてきたからである。よく「政局より政策を！」と言う。当然だと思うが、人の動き（政局）も見ておかないと政策もわからない。政策だけを見ていたらコロリと騙される。政局を通じて人物を見ておくのも大切だ。

石破氏の「優柔不断さ」が予想できた、あの〝安倍晋三との一騎打ち〟とは

それでいうと石破氏はわかりやすい。一例をあげると2018年の総裁選で安倍晋三氏と一騎打ちとなったとき、石破氏は「正直で公正、謙虚で丁寧な政治をつくる」と主張。森友・加計問題を念頭に安倍晋三首相を批判したと報道された。

すると党内から「個人攻撃だ」と言われ、石破氏はそのフレーズを言わなくなったのだ。「正

直・公正」と言うと叱られる自民党の状況がやたら面白かったのだが、一方で石破氏の優柔不断さを痛感した。だから今回も予想できた。

しかしここまで総裁選と言っている内容が違うと、あらためて「総裁選とは何か」について考えねばならない。アレはやはり自民党のＰＲイベントであり〝興行〟だろう。候補者は聞こえの良いことだけをひたすら言えばよく、自民党が変わるかのような雰囲気をせっせと作り出す。

罪深きはそれらの空論を垂れ流したメディアの共犯ぶりではないか。テレビ局の多くは特定政党に電波ジャックをさせ、一方的な言葉のばらまきを許したことにならないか。総裁選直後の世論調査で「自民党の支持回復」と報じるメディアもあったが、ＰＲを流し続けたらそりゃそうなるだろう。

総裁選の主張は「営業トーク」だったのだ

総裁選での論戦がいかに適当だったか証拠を出そう。石破陣営は日米地位協定の見直しについて「総裁選ではライバルとの違いを際立たせるため、主張を先鋭化させた」と語っている（読売新聞10月2日）。つまり営業トークだったのだ。

石破氏自身も野党各会派へのあいさつ回りをした際に「石破カラーを出して頑張ってください」と声をかけられると、「出したらぶったたかれるでしょ」「出すと国民は喜ぶ、党内は怒る」

とあっさり語っていた。自分が総裁になっても自民党は変わらないと告白したのと同じだ。メディアは次回の総裁選報道をきちんと考えたほうがいい。いかにその場でちゃんと問えるか、ツッコめるかを。

石破氏は過去の自分が殺しに来ていると気づいたほうがいい。さらに気づくべき点もある。この10年以上、ずっと自民党内で嫌われていたから今回総裁になれて良かったねと喜んだ人もいるだろうし、もしかしたら本人もそうかもしれない。しかし総裁になった今こそ最大の意地悪をされているのではないか？

誰が総裁になっても苦戦したであろう次の衆院選。負けたら石破氏の責任であり、勝ったら裏金問題は無くなると期待している人がいる。どっちみち使い捨てなのである。この状況にいつ気づくのか。

ほんの1年前、石破氏は総裁候補としてはもう終わった人だとみられていた。しかし自民党派閥の裏金問題が発覚し、党内の端っこにいた人間に再び目が向けられた。自分で這い上がったのではなく他力で浮上しただけなのである。

それも政治家の運だというなら、石破氏には裏金問題の対応こそ注目されていた。しかし党内にあっさり取り込まれて世論は呆れた。

さてここまで書いたらこんな速報が流れてきた。

『石破首相、裏金議員の重複立候補認めぬ方針　一部は非公認も　衆院選』（毎日新聞ＷＥＢ10月6日）

《自民は裏金議員について、原則公認し、比例代表との重複立候補も原則容認する方向だったが、世論からの強い批判を背景に、石破首相が党内を押し切った形だ。》

非公認は代表的なところでは萩生田光一氏が該当する。石破首相はこの1週間の世論の呆れっぷりにさすがにマズいと気づいたのだろうか。ただ、またしてもブレて最初に戻っただけとも言える。ややこしい。

どうせ党内から嫌われていると開き直れるのか、それともまた新たにブレるのか。しばらく注目です。

2024年
10月15日

安倍派は大激怒、石破首相はふにゃふにゃ 自民党の〝内戦〟がいまいち盛り上がらない「残念な理由」

「裏金」問題は単なる記載ミスではない

新聞を読んでいたら興味深いことに気づいた。石破茂首相（自民党総裁）が衆院選で自民党議員の一部を非公認とする方針を決めたことについてだ。

次の見出しの違いがわかるだろうか。

『「不記載」6人非公認へ 最大37人 比例重複認めず 衆院選 自民』（読売新聞）

『裏金43人比例重複認めず 萩生田氏ら6人非公認 首相、自民内押し切る』（毎日新聞）

読売と産経は「不記載」議員と書き、毎日・東京・朝日は「裏金」議員と書いていた（10月7日一面）。自民党派閥の政治資金規正法違反事件のことである。

不記載か、裏金か？

不記載だと事務的なうっかりミスというニュアンスがある。多くの自民議員はこれを主張しているのだろう。ところが派閥によっては伝統的な匂いもする。

先月末に東京地裁で安倍派事務局長が虚偽記載の罪で有罪判決を受けた。判決では「虚偽記載の前提となるノルマ超過分の処理については、会長や幹部の判断に従わざるを得なかった」と述べられた。事務局長は公判で虚偽記載の中止を派閥幹部に進言していたことを明らかにしていた。単なる記載ミスではなく「裏金」を貯める慣習が政治家の中にあったことを事務局長もほのめかしていたのだ（「幹部」が誰かは明らかにせず）。

公判での事務局長の姿勢について、自民党関係者は「他人に責任を押しつけるつもりはないが、自分だけですべて決めたわけじゃないことを分かってほしいという、事務局長なりのギリギリのバランスだったんだろう」（朝日新聞10月1日）と分析している。

こうした流れを振り返るとやはり「裏金」事件であり、調査はまだまだ必要ではないか？　すると注目すべき発言があった。石破首相が9日の党首討論で「裏金は決めつけ。不記載だ」と断言したからである。立場が変われば発言も変わるものだ。

ほんの1年前まで石破氏は終わった人だと思われていたが、裏金事件で言動が再注目されて遂に総裁にまで昇りつめた。いわば〝裏金で売れた人〟なのにトップに立ったら「裏金は決めつけ。不記載だ」というのである。石破氏は過去の自分に負けている（かつての自派閥にも「不記載」問題があったことが浮上している）。

さてそんな石破首相のもう一つの決断が報じられた。

冒頭に書いた衆院選で自民党議員の一部を非公認とする方針である。これは信念に基づく政策なのか、権力闘争という政局なのか、それとも単なる選挙対策なのか？　言葉の裏に惑わされないために政局と政策を両方とも見るのは大事だ。

権力闘争になると保存したくなるような発言が多い。今回の石破vs安倍派をめぐって新聞各紙に載ったコメントを紹介しよう。


石破首相の決定に安倍派議員から悲鳴が……


〝優勝〟は毎日新聞に掲載された次の言葉だ（10月7日）。

《「党を分断する史上最低の決定だ」――。石破首相の決断を受け、安倍派議員らは悲鳴交じりに激しく反発の声を上げた。》

強烈すぎる「分断」という言葉！　現在公開中の映画『シビル・ウォー　アメリカ最後の日』は内戦の勃発により戦場と化した近未来のアメリカを舞台に描いているが、こちらは自民党の分断、内戦勃発そのもの。『シビル・ウォー』ならぬ『シゲル・ウォー』である。

さらにこの記事では「安倍派議員はこうまくし立てた」とある。

「自民党の一致団結なんてもうない。（石破首相は）作られた世論に迎合して仲間を売るリーダーだ」

パワーワードきました。「作られた世論」「仲間を売る」。この被害者意識はすごい。

読売新聞には石破首相に理解を示す自民党内の言葉が載っていた（10月7日）。

「地元の風当たりは相当厳しいが、これで局面が変わる」

「萩生田氏らが非公認となったのは象徴的で有権者に分かりやすい」
しかし安倍派議員らは「完全な切り捨てで、選挙で勝っても石破政権を支えることはもうできない」などと猛反発しているとも。
さらに岸田内閣で閣僚を務めた安倍派議員は、
《「安倍さんが『石破だけはダメだ』という態度だったのは正しかった。若手がかわいそうで情けない」と嘆いた。》(10月8日)
やはり内戦だ。
具体例で凄かったのは福島3区に立候補予定だった菅家一郎氏である。

衆院選で「恩返しする」と約束したはずが……

朝日新聞の社会面に「石破の恩返し」が書かれていた(10月10日)。菅家氏は裏金問題で6カ月間の党役職停止処分を受けたが、総裁選が始まる前日に開いた自分の講演会に石破氏が出席していた。報道陣に非公開だった講演会で石破氏は総裁選の必勝を誓ったという。
そして、《首相となったあかつきには、衆院選で「恩返しをする」と約束。「菅家氏の選挙カーに乗り込んで選挙区を回ります」とまで語ったという。》
これを聞いて喜んだ菅家氏は石破選対に入り、1回目の投票から石破氏に票を投じた。しかし今回の処分で非公認になった。石破氏から「恩返し」があるはずが講演会での約束は1カ月経たずに反故にされたというのである（10月12日に菅家氏は出馬断念を表明）。

石破首相は前回比例復活当選だった菅家氏に「選挙区で勝つしかない、谷底から這い上がってこい」とあえて厳しい試練を与えたのかもしれない。これが「恩返し」の本当の意味だったのかもしれない。そんなわけないか。

この手の政治記事を読むと裏切りとかやるかやられるかなど仁義なき戦い的な世界が思い浮かぶものだが、石破氏の場合は逆だ。シビアというよりふにゃふにゃした読後感しかないのだ。

政治記者からすれば政局に興奮したいのにさせてくれないのが石破政権ではないか。自民党の「内戦」の実態は、安倍派が怒りまくる一方で石破氏が全般的にフラフラしているという、なんとも嚙み合わない姿が見えてくるのである。

2024年
10月29日

「悪夢の民主党政権」「そんな人たち」石破茂首相が〝なんか安倍氏に似てきた〟悲しいブーメラン

能登の被災地に岸田元首相が

衆院選の結果が出た。
『自公大敗　過半数割れ』（産経新聞）
『裏金自民惨敗　与党過半数割れ』（東京新聞）
「裏金自民惨敗」は強烈だ。この結果を見ると選挙を仕掛けた側（与党）は失敗だったとも言える。
私は公示日から各地の選挙区を見て回ったが、現場に行くほど感じたことがあった。「そもそもなぜ今、選挙なのか？」である。
石破茂内閣は発足して戦後最速の8日後に解散をした。誰が総理になってもイメージが新鮮なうちに早く選挙をしてしまえという自民党の戦略だったと報じられている。だとすれば完全な自己都合だが、そうしたなか選挙戦が始まると気になることがあった。
候補者の演説を聞いていると「能登半島で豪雨の被害に遭われた方々にお見舞いを申し上げま

す」などと言うのだが、すぐに地元の話や利益誘導実績の話になるのだ。能登は単なる枕詞なのか？　被災地では選挙どころではないという報道もあったのに。

そう思い始めたら裏金候補の選挙を見るのも大事だが、能登へ行って現地の選挙を見なければいけないと思った。何がどう語られているのか。

岸田氏が能登の演説会場で語ったこと

私は3年前の衆院選からラッパーのダースレイダーと共に全国の選挙現場を見るようにしている。撮影した映像は2本のドキュメンタリー映画にもなった。今回も見たい選挙区はたくさんあったが急がれた選挙だったので日程のやりくりに苦労した。能登へ行くのは10月23日からの2日間となった。選挙戦もすでに終盤である。

当日朝に金沢に着き、車で能登に出発。するとある情報に目がとまった。岸田文雄前首相が石川3区の自民党候補の応援演説に来るという。10時30分から能登食祭市場（七尾市）とある。自民党が早い選挙日程を想定して動き出したのは岸田氏の首相在任中だ。では岸田氏は今回の選挙の「意義」を被災地の石川3区の人たちの前でなんと言うのか？

会場の警備は厳戒態勢。荷物検査と金属探知機での検査を受けて入場した。すでに1階は満員だったので2階へ。1階のステージをのぞき込むのがやっとだったが、演説ははっきりと聞こえてきた。

岸田氏は首相を退任したばかりという悲壮感はなくてむしろ元気そう。耳を傾けていると、演説の後半にその言葉が出た。

「今、選挙がおこなわれている。もちろんですね、この被災地の皆さんにおかれては今まだ自分たちは大変な状況なんだ、苦しんでいるんだ、その最中になんで選挙をやるんだという思いを持っておられる方もおられる。こういったことも十分承知をしています。本当に厳しい状況ですからそう思われる方がおられることも、我々はあのー、十分理解しなければならないと思っています」

そして今回の選挙の「意義」を次のように説明した。

「ぜひ皆さんに考えていただきたいことがあります。民主主義国家においては、政府や政治家は皆さんの選挙による投票によってエネルギーや活力、元気をいただくことになるわけであります。皆さんが選挙において投票することがその政治家や政府に対して力を与え、より思い切って対策を進める原動力になる。これが民主主義国家における選挙であります」

驚いた。今回の選挙は政治家に元気を与えるため、というのだ。だから意思表示をしてくれと。被災地で自分たちの都合を堂々と話していることが衝撃だった。「投票によってエネルギーや活力、元気をいただくことになる」と言うが、岸田氏や応援演説をした候補者は与党だ。

今のままでは何もできないのか？　その一方で裏金問題を早く片付けてしまいたいという解散戦略について正直な説明はできないだろうなぁとも感じた。

裏金と言えば私たちが能登へ行った日、あるスクープが放たれた。自民党が派閥裏金問題で非公認とした候補の政党支部へ活動費2000万円を支給していたことが判明したのだ。共産党の機関紙「しんぶん赤旗」の報道である。裏金報道自体も赤旗が最初だった。

自民党の森山裕幹事長は支給を認めた上で「党勢拡大のための活動費として（党支部に）支給した。候補者に支給したものではない」とのコメントを出した。この説明で「募っているが募集はしていない」を思い出した。2020年の「桜を見る会」をめぐる国会答弁で安倍首相がした珍答弁だ（詳細は各自確認）。

そういえば石破首相は安倍政権時代は〝党内野党〟としての言葉が注目された。自民党議員のメディアへの威圧的発言については「なんか自民党、感じが悪いよね」という発言もあった。この言葉はツイッター（現X）で話題になり、#自民感じ悪いよねというハッシュタグにもなったほどだ（2015年）。

街頭演説で石破氏が〝豹変〟した

その石破氏が遂に首相となり、何が変わるのかと見ていたら本人が豹変した。今回の赤旗の報道に関しては「このような時期にそのような報道が出ることは、誠にもって憤りを覚える。私どもはそのような報道に負けるわけにいかない。そのような偏った見方に負けるわけにもいかない」と発言（24日、広島市の街頭演説）。

メディアを威嚇する自党議員の発言について「なんか自民党、感じが悪いよね」と言っていた石破氏が報道に対して強い言葉や口調を用い始めたのだ。

それだけではない。「何とか民主党、何とかの会。どんな国をつくるのかさっぱり分からない。そんな人たちにこの国を任せては絶対にならない」と発言（21日、大阪府高槻市）。さらには「悪夢のような民主党政権」という安倍氏が好んで使用したフレーズも使い出した（22日、愛知県豊田市）。なんか安倍氏に似てきた。自民党の総裁は誰がなっても同じ物言いになるということか。

しかし今回、与党は過半数割れをした。自民党は惨敗と見るべきなのか、まだこの程度で済んだというべきなのか。いずれにしろ石破首相が以前に言っていた「自民党、感じが悪いよね」のひとつの答えが出たと思える。「石破さん、感じ悪いよね」というブーメランにもなって返ってきた。

石川県で見た岸田前首相はご機嫌そうだったが果たして「与党に元気やエネルギーを与える選挙」になったのか。党内抗争が元気になるだけだとしたら、被災地はまた置き去りにされないだろうか。

2024年
11月5日

「え、今？（苦笑）」選挙中の萩生田光一が突然の質問に発した〝なんとも歯切れの悪い一言〟

自民党がうごめいている。衆院選で過半数割れとなった与党の連携先は国民民主党か？　日本維新の会か？

いや、何よりも先に「連立」しそうな集団がいた。派閥の政治資金問題で離党したり、非公認となって当選した人たちだ。いわば「新党裏金」と真っ先に連立するだろうと選挙前から予想していたのだがやはりニュースが飛び込んできた。

見事な「裏金連立」である

『世耕弘成氏・萩生田光一氏ら6人、自民党会派入り決定…「政治とカネ」蒸し返す懸念も』（読売新聞オンライン10月30日）

見事な「裏金連立」である。裏金議員への非公認を経て、むしろ裏金議員の存在感が増すのだろうから、石破自民党のちぐはぐさが浮き彫りになる。溺れる者は裏金をもつかむ。

さて、これだけ世の中の批判を集めながら選挙区で勝ち上がってきた候補者は地元ではどんな選挙戦をしていたのだろう。気になりませんか？

私はそのうちの一人、萩生田光一氏の選挙戦に注目した。現場では何が話されていたのかをこの目で確かめたく、公示日から八王子に何度も入った。

「萩生田さんの演説です」「うわ、帰ろ帰ろ」

第一声は八王子駅北口。聴衆やメディアが集まり始めると「これから何かあるの？」と話しかけてきたおじさんがいた。「萩生田さんの演説です」と教えると「うわ、帰ろ帰ろ」と早足になる。話を聞くと、「僕はね、自民党は好きだけど今回は5人衆にはケジメつけさせないと。地元にもそう思ってる人いると思うよ。でも仕事の関係とかで支持する人が多いんじゃない？」と言って去っていった。「地元」と「仕事」というワードが頭に残った。

萩生田氏の応援には自民都議、市議、国会議員らが駆けつけていた。自民党都連会長は「萩生田候補が最大のピンチを迎えている」と訴える。商工会議所会頭は「萩生田さんによって教育、都市計画、経済が発展してきた。力のある衆院議員に戻ってもらわないと」と演説。

そして遂に萩生田候補が登場。私の前に座っていた年配の女性5人ほどが一斉にスタンディングオベーションで迎えた。

印象的だった萩生田氏の演説

萩生田氏の第一声で印象的だったのはこちらだ。

「昨年来、私の政治資金の収支報告をめぐって政治不信を招く事態となってしまいました。派閥のルールを踏襲したとはいえ、立法府の一員としてやはりどこかで足を止めてこれでいいんだろうかと考えなければならなかったと反省しております」

そして「不快な思いをおかけした皆様にお詫びを申し上げたいと思います」と述べると逆に拍手が起きた。

続いて、「しかし私は、市民の皆さんに誓って申し上げたいのです。言われているような事務所で意図して裏金をつくるとか、私的流用を図るとか、ましてや脱税だとかこのような事実は一切ございません。不記載は確かにあったんですけれど、しかしこれは司法の場でも明確に判断いただき、現在はすべての修正を終えて正常化をしたところでございます」と説明。

後半は、「批判のためだけに八王子を選んだ候補がよいのか。私の責任ですが、この故郷《ふるさと》を渡すわけにはいかないじゃないですか」と対立候補の話題で、語気を強めた。

これは次の演説現場（八王子市四谷町）でも強調していた。

「この選挙戦、野党の皆さんはこの八王子の選挙区を選んだ理由はたった一つ。私を批判するためです。私の落選運動のためです。もちろんご批判は甘んじて受けなければならない。しかし一方的な批判を街中でし続けてその先に八王子の何があるんでしょうか皆さん。街の発展にはまったくつながらないと思います」

さらに、「すべて最初から最後まで私への批判、この街に対しての政策は1ミリもない。そんな人たちに皆さん、故郷を任すわけにいかないじゃないですか。私は是非この戦い、八王子を守る。その決意で戦い抜いてまいりたいと思います。全国から多くの活動家がこの八王子に集結しています。毎日のようにデモがおこなわれています。私はこの故郷をそんな街にはしたくない。八王子を守っていきたいと思います」

この部分に支持者の熱い拍手が起きていた。感極まって「八王子を守ってくれー!」と叫びだす人も他の現場で見た。

「私は八王子の土になります!」

萩生田候補の演説では、こうした野党候補による「批判」を批判し、「故郷を、八王子を守る」がキラーフレーズだった。他の候補はまるで侵略者のような扱いだった。

さらにもう一つのキラーワードがあった。「私は八王子の土になります!」である。ジャーナリストの鈴木エイトさんによれば和歌山2区に出馬していた二階敏博氏の三男も「和歌山の土になります」と叫んでいたという。空前の土ブームである。

萩生田氏の対立候補として注目を浴びていた立憲民主党の有田芳生候補の演説も見た。気になったのは「選択肢は二つ」と言い切っていたことだ。つまり自分か萩生田か、と。

この選挙区には他にも4名が立候補していたので少し口がすべったのかと思い、私と同行していた鈴木エイトさんが「他の候補者は眼中にないのですか」と確認のために尋ねると有田氏は

「眼中にない」とキッパリ。

このあたりの振る舞いは有権者にはどう見えたのだろう？　萩生田候補が「八王子を守る」論法で展開していくのは予想できたので、立憲はたとえば地元出身の候補を立てることはできなかったのか？　野党の戦術についてもしばし考えた（有田氏は惜敗、比例復活）。

私はここ数年、ラッパーのダースレイダーと共に全国の選挙現場を見ている。直接候補者に質問をする大事さを実践している。今回なら萩生田氏と話をしてみたい。ただ、ガードは厳重でなかなか話しかけるタイミングがない。そんなときに気づいたのが萩生田氏が選挙カーでずっと流している曲だ。

調べると『ぼくらの八王子』で作詞はファンキーモンキーベイビーズ。ダースさんが「CDを出されたら無下な扱いはできないのではないか」とミュージシャンならではの発想をした。そして「ボクがサインをもらうので、そのあとに鹿島さんが質問してください」と。

萩生田氏の気が少し緩んだところに私が質問をするという作戦だ。しかし群衆の中でそんなことはできるのか。懐疑的だったがダースさんは本当にCDを見せながらサインをお願いした。

萩生田氏を〝直撃〟

萩生田氏は「え、今？（苦笑）」というリアクションだったが八王子愛を言ってる手前思い直したのか、なんとサインをしたのである！

私は続けて「サインありがとうございます、一つ聞いていいですか。批判に対する説明はされてると思いますか？」と質問をした。

萩生田氏はこちらを向き、「まぁそれなりの……」と言った。それなり……？

次の言葉を待ったが、私の隣にいた年配のおじさんが「初心に戻って頑張れよ」と萩生田氏に声をかけたので中断。そのあと萩生田氏はまたこちらを向き「一人一人に全部届かないことがあると思いますけど、いろんな機会に説明していきます」と答えた。

ひとまず「説明をしていく」という言葉を引き出せた。ではどんな説明なのか具体的に聞いてみたい。翌日、私とダースレイダーと鈴木エイトさんの3人で郊外の萩生田氏の演説現場に行った。

聴衆との触れ合いがすべて終わったあとに話しかけようと考えたが萩生田氏は用意していた車に駆け足で乗り込んでいった。「やられた！」というのが正直な感想だ。

萩生田さん、この度は当選おめでとうございます。そのうち私たちの質問をあらためてじっくり聞いてください！

2024年
11月12日

議席が25%減、代表も落選——公明党が〝最大の負け組〟になっても変わらない「聖教新聞」の〝大本営発表〟感とは

聖教新聞はどう報じたか

衆院選の余波は続いているが、その結果を受けて最も注目すべき政党はこちらではないか？『公明党、比例票600万割れの衝撃 長期低落防ぐ党再建論』（日本経済新聞10月29日）

与党である公明党は24議席を獲得し、公示前より減った。石井啓一代表も落選。支持者の高齢化で組織の足腰が弱り比例代表で600万を割り、およそ20年前から3割超も減少というのである。

このように一般紙ではシビアに報道されたが、では聖教新聞や公明新聞は今回の衆院選をどう伝えていたのか？　前者は創価学会の機関紙であり、後者は公明党の機関紙である。報道ぶりが気になって仕方なかったので調べてみた。

まず聖教新聞。選挙スタート（公示）翌日の一面見出しはこちら。『永遠に常勝関西たれ』（10月16日）。

創価学会の原田会長や永石女性部長が関西地区の「最前線の同志を激励」とある。選挙のことだろう。公明党にとって「常勝関西」と呼んできた関西選挙区は最大のピンチを迎えていた。これまでの衆院選ですみ分けてきた日本維新の会と対決になったからだ。絶対に負けられないからこそ会長が激励に駆けつけ、一面でも取り上げたのではないか。

同じ一面の「寸鉄」という短文コラムには『混戦続く兵庫。中央神戸、尼崎の友が渾身の猛追！攻めの行動貫き常勝譜を』（10月17日）など独特の文体で檄が連日飛んでいた。

あれ、大逆転勝利になったのか？

しかし結果は兵庫県内の2選挙区は勝ったものの、大阪府内の4選挙区では全敗。苦戦したのは関西地域だけではなかった。選挙期間中の聖教新聞の見出しを振り返ってもわかる。『大逆転勝利へ　執念の訴え　衆院選あと1週間、公明候補が各地で大攻勢』（10月20日）、『衆院選きょう投票　公明党、必ず大逆転勝利！』（10月27日）。

小選挙区はかつてない厳しい戦いを余儀なくされており大逆転勝利へ、とリード文に書かれていた。では選挙結果はどうだったのか。投開票翌日の一面を見てみよう。

『公明党、激戦突破相次ぐ』（10月28日）

あれ、大逆転勝利になったのか？　と思ってしまうが「比例区まず14議席獲得」という切り口だった。翌日の一面は『公明党、4小選挙区で議席獲得』とこちらもポジティブだが、同面に掲載された公明党の声明は「捲土重来を期す」。これがすべてを物語っていた。

ここまでは聖教新聞である。では公明新聞も見てみたい。公明党の機関紙なのでもっと具体的で激烈だと予想したからだ。

まず「主張」（社説のようなもの）を読むと、今回の衆院選における最大の争点は「政治改革」への対応と書いていた（10月10日）。

自民党派閥の政治資金問題によって政治への信頼が失墜する中、公明党はいち早く政治資金規正法の改正を強力にリードしたとし、《結党以来、一貫して「清潔政治」を掲げ政治腐敗と闘ってきた公明党が、その真骨頂を大いに発揮した成果と言えよう。》と胸を張る。

面白かったのは機関紙ならではの周囲への投票の呼びかけだ。SNSの活用を連日訴えていた。《執念の「1票」の上積みへ友人・知人に公明党を語り抜くとともに、党や候補の実績、政策を手軽に紹介できるLINEなどのSNSも大いに活用したい。》（「主張」10月16日）

電話→SNSの〝1票拡大作戦〟

翌日には『SNSで「1票」の拡大を！』という特集が組まれていた。「LINEなどで投票依頼　画像や動画を送ること」はよいが、ダメなことには「メールでのお願いや掲載内容の印刷・配布」。丁寧に解説されていて普通に読んでも参考になった。こんな切実な解説は一般紙には無いからだろう。

公明党と言えば久しぶりに知人から電話がかかってきたら「公明党に一票」だったという方もいるのではないか。しかし今は電話ではなくSNS推奨なのだ。ここで思い出すのは「支持者の高齢化」と一般紙で解説されていた公明党の現状だ。年配の人が多くてSNSを使いこなせないという問題はないのか？　だから紙面でSNSの使い方に力を入れているのでは？　という推察もできた。

苦戦を伝える記事もあった。『公明劣勢、野党に勢い』（10月18日）。野党第1党の立憲民主党が議席上積みへという他紙の記事を紹介していた。立憲の情勢に焦ったのか、翌日こんな特集記事が出た。

『〝悪夢〟の旧民主党政権　再来許すな』（10月19日）

出ました、「悪夢の民主党政権」！　安倍晋三元首相がよく使ったフレーズだ。公明新聞は4面すべて使って旧民主党政権の「大罪」として7つ並べていた。そして日に日に一面の見出しが強烈になってくる。

『あと1週間　総力挙げ激戦突破　政治改革をリード、物価高克服へ』（10月20日）

石井代表を始めとした候補者が叫ぶ顔のドアップが載った10月21日の一面は凄かった。『逆転へ執念の大攻勢を』。3面では、『公明埋没、猛拡大を』とド迫力と悲壮感の見出しが並んでいた。

運命の開票結果と紙面は？

このあとも、『逆転勝利へ大攻勢』（10月22日）、『大逆転へ猛拡大を』（10月23日）、『あと2日　情勢が一段と緊迫　比例区　全国で押し上げを　執念の猛攻、最後まで』（10月25日）、そして選挙戦最終日（10月26日）は、『逆転へ　執念の「もう1票」を　今すぐ電話、SNSで訴えよう』。

3面では『全人脈に当たり抜こう！』とあり、頼み忘れや思い込みは禁物と注意喚起。SNSの〝友だち〟や年賀状の確認をと呼びかける。

投票日当日は『大逆転へ　力の限り　11小選挙区で執念の猛追』。よく使われる言葉は「執念」だった。そして運命の開票結果は……

『激戦突破、当選相次ぐ』（10月28日）

ああ、これは聖教新聞と同じパターンだ。「比例区まず14議席獲得」とあくまでポジティブな報道だった。ただ私が読みたかったのは公明新聞による敗因分析だ。自分たちではどう認識しているのか知りたかった。たとえば今回の選挙では自民党の裏金問題が大きな焦点となったが、公明党は次のようなことをしていた。

『公明、「自民裏金議員」35人を推薦　選挙区事情を重視か』（毎日新聞10月15日）

自民が公認を出していない2人にも公明は推薦を出していたのだ（埼玉13区の三ツ林裕巳氏と兵庫9区の西村康稔氏）。選挙区での連携が背景にあるらしいが「公明が掲げる政治改革に矛盾する」と他党から批判が出るのも当然だろう。

もらい事故だったと言いたげな「裏金問題」

公明新聞の「結果分析」（10月30日）を読むと『自民の「政治とカネ」逆風に』とあった。《公明党は、政治資金規正法を改正し規制を強化するなど改革をリードしてきたものの、逆風のあおりを受け、公示前から8議席減の24議席に後退》。

あくまで自民のもらい事故だったと言いたげ。注目したのは11月2日の記事だ。「衆院選結果識者に聞く」として慶応義塾大学名誉教授の小林良彰氏のインタビューがあった。

小林氏は政治とカネについては公明党が与党にいたから政治改革が進んだと言いつつ、《しかし、自民党が非公認とした候補者を公明党が推薦したことによって、有権者に「与党の問題」という誤解を与えてしまった面は否めない。》と述べていた。

「誤解を与えた」という表現でフォローしているが有権者は誤解はしていないはず。公明党の敗北は支持者の高齢化などの要因もあるだろうが、とにかく権力についていくという長年の姿勢も問われたのではないか？　そうした「内からのツッコミ」を機関紙でも読みたかったのだが。

2024年
11月19日

玉木雄一郎「不倫より政策」がスキャンダル報道を変える？　かつては武勇伝、今は命取り「政治家の下半身」問題の今後

「下半身」報道の皮切りとなった宇野首相の愛人問題

今回は政治家のスキャンダルについて考えてみたい。衆院選で議席が4倍に増え、一躍時の人となった国民民主党の玉木雄一郎代表に不倫報道があったからだ。政治家のスキャンダル、もっといえば「下半身」報道はいつからあったのだろう。

私の記憶でいえば昭和の頃は政治家のプライベートはスキャンダルにならないばかりか、田中角栄の愛人報道のように武勇伝的な扱いだったとすら思う。

それが変わったのは、昭和が終わり平成元年となった1989年だ。この年はリクルート事件で自民党に逆風が吹いていた。竹下登首相は責任をとる形で退陣。「ポスト竹下」と言われていた安倍晋太郎や宮沢喜一は首相になれなかった。

リクルート株はまんべんなく自民党内にいきわたっていたので大物ほど身動きがとれなかったからだ（裏金問題で揺れる最近の自民党と状況が似ている）。

そんななか首相になったのは、外務大臣などのキャリアがあった宇野宗佑だった。大穴的な存在の「抜擢」に当時10代だった私は驚いたものだが、とにもかくにも宇野首相で自民党は参院選を戦うことに。しかし就任直後に『サンデー毎日』が宇野氏の元愛人の告白を報道したのである。ただでさえ自民党はリクルート事件、消費税スタート、農産物自由化問題の「三点セット」と言われていたうえに首相スキャンダル。参院選は惨敗し宇野政権はわずか2カ月の短命に終わった。

当時編集長だった鳥越俊太郎氏は……

当時の報道を『サンデー毎日』は次のように振り返る。

『平成初の本誌「特大スクープ」！「宰相の器」を問うた〝三本指〟』（2022年1月30日号）

女性Aさんが東京・神楽坂で芸者をしていた85年、宇野氏と金銭を介した性的関係を結んでいたと誌上で暴露した。女性の手の真ん中の三本の指をギュッと握り、これでどうだと言ったという「三本指」告白である。

《もっともその頃、有力政治家が芸者の旦那になり、金銭の面倒を見ながら特別な関係を結ぶことは珍しくなく、彼らの「下半身」を書かないのがメディア側の不文律でもあった。》（『サンデー毎日』前掲号）

しかし当時の『サンデー毎日』編集長でジャーナリストの鳥越俊太郎氏は、「政治家が女性と不倫し、肉体関係を持ったとしてもそれだけなら報道しない。宇野氏は彼女をホテルニューオータニに電話で呼び出し、国会を抜け出して会っていた。性交渉の対価としてカネを払っていた。これは『買春行為』であり、許されないと判断しました」。

鳥越氏の言葉どおりなら不倫より買春を問題視して報道したということになる。ただ、この報道がきっかけで政治家の「下半身」報道がオープンになった。ついでに言うと、鳥越俊太郎氏は2016年に都知事選に立候補した際に、女性問題を週刊文春に報道された。因縁めいている。

まさしく平成になった瞬間から、政治家の「下半身」報道は普通になった。最近の例をざっと挙げてみると宮崎謙介衆院議員（2016年・議員辞職）、山田太郎参院議員（2023年・文科政務官辞任）、広瀬めぐみ参院議員（2024年・自民党県連副会長辞任・議員辞職）、宮沢博行衆院議員（2024年・議員辞職）といった面々だ。議員を辞職したり役職を辞めている（広瀬めぐみ氏は政治とカネの問題が直接の理由）。

これで本当に国民生活を守れるのか

それでいうと今回の玉木雄一郎氏の去就が注目されたが、現時点では代表も議員も辞めていない。ニュース番組での街の声を見ていると厳しい声は当然あるが、「政策とプライベートは別」という意見も見るようになった。

玉木氏擁護の理由にはいわゆる「年収103万円の壁」の見直しを訴えて衆院選で支持を集め

たことも大きいのだろう。もしこのまま「対決より解決」ならぬ「不倫より政策」となれば、長く続いた政治家のスキャンダル報道の潮目が変わる可能性がある。その意味でも注目なのだ。

ただ、私は玉木氏が誰それと不倫という視点より、そのまわりに浮かぶ現実のほうに問題を感じる。まず衆院選後に時の人となり、いわば〝玉木氏史上〟もっとも世間から注目されていたときにあのような行動をしてしまう迂闊さ、軽さ。これで本当に国民生活を守れるのか、危機管理を任せてよいのか。不倫より資質そのものへの疑問である。

もう一つの論点は、もはや昭和ではないということだ。玉木氏の相手の女性は高松市観光大使を務めていた。同市の担当者は、「女性の解嘱も含め検討しています」とメディアの取材に答えている。もし相手女性だけが職を失えば、不倫報道の結果の格差をまざまざと見せつけられる。

女性が今後も仕事の機会を失えば「１０３万円の壁」どころではない。一人の人生を危うくしてしまう。さらに言えば、この格差は昭和の政治家の「愛人武勇伝」と同じくらい男性優位が変わっていない証明にもなる。

「妻に叱られた」の既視感

玉木氏は会見で「妻からも息子からも、叱責を受けた」と話し、妻への思いを語った。既視感があるなと思ったら、あの森喜朗氏と同じだった。２０２１年に東京オリンピック・パラリンピック大会組織委員会の会長だった森喜朗氏は「女性がたくさん入っている理事会の会議は時間がかかる」と述べ、女性差別だと問題になった。批判が集まると森氏は記者にこう述べた。

「昨夜、女房にさんざん怒られた。（略）今朝は娘にも孫娘にもしかられた」

妻に叱られたアピールをした森氏だが、このあとの「謝罪」会見では記者の追及に逆ギレ。何もわかっていないことを見せつけてしまう。玉木氏が会見で妻を語るくだりには久しぶりに森氏を思い出した。

そして、何より政策が大事となったとしてもスキャンダルが政策に影響することはないだろうか。国民民主党は所得税が課される年収の基準を１０３万円から１７８万円に引き上げることを掲げている。

政策実現を盾にスキャンダルから逃れたことは逆に玉木氏を意固地にすることにならないか。「１７８万円」で押し切れるのか、協議が順調に進むのか。その点も気になるのである。

もう１点、玉木氏の主張で気になるのは現役世代の社会保険料を減らすために「尊厳死の法制化」を主張していることだ。日本記者クラブ主催の党首討論（10月12日）では「社会保障の保険料を下げるためには、高齢者医療、特に終末期医療にも踏み込んだ、尊厳死の法制化も含めて」と発言した。さらに「こういったことを含めて医療給付を抑えて若い人の社会保険料を抑えることが消費を活性化して次の好循環と賃金上昇を生み出す」と述べた。

この発言が批判されると玉木氏はＸで「尊厳死の法制化は医療費削減のためにやるものではありません」「雑な説明になったことはお詫びします」と釈明した。しかし雑な説明どころか国民民主党の総選挙公約のパンフレットには、尊厳死法制化は「現役世代・次世代の負担の適正化に向けた社会保障制度の確立」の項目の一つとして記載されているのだ。つまり高齢者を既得権益とした「戦略」にも見えるのである。

ＳＮＳ選挙でウケるのは既得権益との対決だ。高齢者は十分に豊かさを享受したのに自分たち現役世代から年金を搾り取って生きている、として高齢者も既得権益の仲間入りをさせられているのではないか？　そうなると憤った若い世代は見事に「ヤング対シルバー」という設定された戦いの中に放り込まれる。高齢者からいろいろ削れとなったら溜飲が下がるかもしれないが、それはいずれ現役世代の将来にも響くことにもならないか。人間は誰しも歳を重ねる運命にある。玉木氏から感じる危なっかしさはスキャンダル報道だけでなく、若い世代の味方と振る舞いつつ世代間対立を煽ることで人気を得ようとする態度にもあると感じる。

というわけで今回は政治家のスキャンダル報道の変遷について考えてみました。

III 「安倍元首相暗殺」から始まった派閥政治の黄昏

2022年
7月11日

安倍元首相死去、新聞各紙はどう報じたか
「『敵』と決めると手厳しいが、『味方』と認めると……」

衝撃のなか掲載された「評伝」

《ほどなく京都市内で演説する予定時間になろうとしていた。そこに飛び込んできたのは、当の安倍晋三元首相が「奈良で銃撃された」の一報だった。こんな形で命を奪われるとは、誰が想像しただろうか》

京都新聞の一面コラム「凡語」の冒頭である（7月9日）。

新聞読み比べがテーマの当コラムですが、新聞記事も何から読んでいいかわからないほどのシ

ヨックが今も続いています。

私はここ10年程の新聞をよく「安倍スタジアム」とたとえました。新聞が二分してホーム側とビジター側にきれいに分かれていたように見えたからだ。野球の試合は座る席によって見え方が違うように、新聞にも違いがある。だから面白い。

街頭演説だってそう。同じ党の政治家でも主張が違うから面白い。「なるほどそういう考え方か」と納得できることもあるし、ギョッとすることもある。それもこれも政治家がちゃんと言葉を発するからだ。私が選挙戦はフェスであると考えるのも、いろんな人やいろんな考えを目の前で次々と見聞きすることができるから。そういう「楽しみ」を奪う人がいることに呆然とした。

そんな衝撃のなか、安倍元首相の「評伝」が新聞各紙に掲載された。一読したら、私なりにあるテーマが見えてきた。まず政権運営について。

読売新聞では、安倍氏の第1次内閣は、教育基本法の改正など自らの政治理念にこだわり過ぎて長続きしなかったことから、

《その失敗を教訓に、第2次内閣以降は、硬軟織り交ぜた政権運営に徹した。集団的自衛権の限定的な行使を容認し、安全保障関連法を整備する一方、働き方改革など野党が主張していた政策にも柔軟に取り組んだのは、その象徴と言える。》(7月9日)

朝日新聞も同じ点を書いている。

《政権運営では、現実主義者(リアリスト)の一面を見せた。「保守」を自任するからこそ、あえて

自説を封印することもあった。》(7月9日)

ここでは13年12月に靖国神社を電撃訪問したが、この後、首相としては一切参拝しなかったことや、15年12月には慰安婦問題で軍の関与や日本の責任を認めた「日韓合意」を韓国政府との間で結んだことが挙げられている。「ただ、本心では納得していなかった。不満もこぼしていた」とも。

政権運営のためには時として自説を封印する。野党が掲げた政策すら飲み込む。いわゆるウイングを広げる。安倍氏も自民党の伝統的な手法をやっていたとあらためて気づく。

保守政治家としての「情」

新聞各紙に載った評伝で興味深かったのは、人柄の部分である。

《「敵」と決めると手厳しいが、「味方」と認めると強い結びつきを示した。会食では早口で話し、冗談を飛ばして場を盛り上げた。その明るさと情熱に、近くで安倍氏と接した人は引きつけられた。》(朝日新聞7月9日)

《安倍氏は、マスコミに閣僚の醜聞を暴かれてつぶれた第1次政権の失敗をバネに、強力な指導者であろうとした。野党、マスコミのみならず、選挙演説のヤジにもムキになって反論した。だが、じかに接してみると、ソフトな人物だと感じる人が多い。相手の話をよく聞き、気を配る座談の名手でもあった。》(毎日新聞7月9日)

「敵」と「味方」というわかりやすいキーワードが出ている。このあたりから「安倍スタジアム」の原点が見えないだろうか。

各紙の評伝を読んで、続いて考えたのは保守政治家について。

まず保守とリベラルの特徴をわかりやすく言うなら「情と理」だと私は考える。「情」は保守の、「理」はリベラルの売り。しかし度が過ぎると「情」は身内だけにやさしくなり、「理」は身内でも争いが起きて分裂する。そのように見える。

安倍氏の評伝を読むと、先述したように「じかに接してみると、ソフトな人物」であり「明るさと情熱に、近くで安倍氏と接した人は引きつけられた」とある。近くにいる人や仲間内からすれば安倍氏はやさしい人であったのだろう。しかし安倍政治の光と影を考えるとき、この部分が「影」にリンクしていることにも注目したい。

《1強の半面、森友学園や「桜を見る会」など負の問題を抱え、コロナ対策ではアベノマスク配布で失笑を買った。それでも憲政史上最長の首相在職期間となった安倍氏を中心に、最近の日本政治は回り続けた。》（「悼む」日刊スポーツWEB7月8日）

これらは「情」のマイナス部分が作用しすぎたと言えまいか。

マスコミの報道姿勢に望むこと

いまは銃撃事件そのものを報じる報道が続くが、今後、政治家・安倍晋三の仕事ついて語られる記事が増えていくことだろう。一方で心配したいのは「論評」の萎縮である。

安倍氏は首相辞任後も、政治の舞台で主役級の活躍をしていた。参院選でもアベノミクスや安全保障、憲法改正など安倍氏自身が中心となって論議を繰り広げていた。今後も安倍氏が提示した議題や言説をめぐっては有権者にさまざまな視点が提供されることが大事だと思う。

今回の事件は「民主主義への挑戦」と言われています。だからこそマスコミには今まで以上に、誠実な論評・批評に力を注いでほしいのです。視聴者、読者として願います。

2022年
7月19日

安倍元首相〈吉田茂以来55年ぶり〉異例の「国葬」へ「民主主義を守り抜く」岸田首相の〝決断〟に足りないもの

戦後の首相経験者の「追悼」

今回、最初に紹介したい記事はこちらです。

『安倍氏「国葬」待望論』（産経新聞7月13日）

先週水曜、産経新聞が一面トップで大きく書いた。銃撃されて亡くなった安倍晋三元首相の国葬を「待望」とあるので主張がアツい内容かと思いきや、読んでみると印象が違った。

小見出しには「法整備や国費投入課題」とある。記事の序盤では《元首相の葬儀に国費を投じることには批判的な意見も根強い。》と早々に書いている。

さらに《過去の例に照らせば、国葬となる可能性は高くない。法的根拠となる国葬令は昭和22年に失効している。》とも。

そして《最近では内閣と自民による「合同葬」が主流で、安倍氏もこの形式となる可能性が有力視される。》という一文すら。

つまりこの記事の味わい方としては、自民党内や保守層から「国葬」を求める声が上がっているけど「うーん、でも難しいのかなぁ……」という産経師匠の思いを感じたのです。だから期待を込めて待望論と大きく書いたように読める。

この記事では「戦後の主な首相経験者の追悼」をまとめていた。わかりやすいので引用します。

・「国葬」　吉田茂氏（昭和42年）

特徴　国の儀式として全額国費で実施。国葬の根拠となる国葬令は戦後廃止されていたが、生前の功績を鑑みた

・「国民葬」　佐藤栄作氏（昭和50年）

特徴　内閣と自民党、国民有志が共同で実施。費用はそれぞれが支出した

・「合同葬」　大平正芳氏（昭和55年）、岸信介氏（昭和62年）、中曾根康弘氏（令和2年）ら

特徴　内閣と自民党が実施。経費の一部を国費から支出する。現職首相のまま死去した大平氏以来の慣例

こうしてみると昭和55年（1980年）以降は合同葬という流れがよくわかる。吉田茂氏の国葬もかなり異例であったことがわかる。

産経は最後に《国際社会で日本の存在感を高めた功労者の葬儀をどう執り行うのか、政府の対応を国民や国際社会が注視している。》と締めています。

これを読んで、どんな形式になるにせよ、これから様々な議論が出て、検討されていくと予想

したのです。
すると2日後。
『安倍元首相の「国葬」ことし秋に行う方針 岸田首相が表明』（NHK NEWS WEB 7月15日）
岸田首相にしてはとてつもなく早い決断。さらに気になったのは「民主主義を断固として守り抜くという決意を示していく」という岸田首相の言葉だ。

「民主主義への挑戦」という紋切型フレーズの危うさ

ふりかえってみると今回は「民主主義」を含んだ表現があちこちで使われた。たとえば銃撃事件直後に「民主主義の危機」「民主主義への挑戦」という言葉が新聞の社説などで多く言われた。

それに対し、容疑者はどうやら政治テロではなく個人的な恨みで犯行に及んだらしいので、民主主義の危機とは違うのでは？　という声も出た。これは新聞による「これさえ言っとけばいいだろ」という紋切型フレーズ、「何か言ってるようで言ってない」という伝統的な所作に対する批判の意味も含まれていたと思う。ちなみに私はいろんな人や意見を見聞きできる街頭演説はフェスだと考えるので、容疑者があの場を狙ったことや、私たちからフェスの楽しみを奪ったことは民主主義の破壊だと感じた。

民主主義に対するいろんな論議がありましたが、むしろヤバいのはこれからではないか。

民主主義に必要な態度の一つは、意見が割れ、賛否がある議題ほど丁寧に多角的に議論を重ねていくこと。しかし岸田首相は国葬論議でそのようなプロセスをすっ飛ばした。「民主主義を断固として守り抜く」との言葉と相反する。国葬をいち早く表明することで保守コア層に見放されないよう自分を「守り抜いた」だけでは？

国葬の場合は「2億円以上はかかるとみられる」

産経も指摘したように議論があるのは税金投入の件が大きいからだ。最近の中曾根氏の合同葬では政府は約9600万円を支出。これをもとにすると国葬の場合「2億円以上はかかるとみられる」（東京新聞7月16日）との試算もある。やはりまだ様々な議論が必要な気がする。しかしタブロイド紙によっては国葬に慎重な官邸内の意見を「抵抗勢力」と見出しに書いていた（夕刊フジ7月15日付）。もっと冷静になったほうが……。

岸田首相の発表の前、毎日新聞のコラムではこんなくだりがあった。

《例えば憲法改正では岸田氏も含めて「改憲が宿願だった安倍さんの遺志を継ごう」という声が強まっていくのではないだろうか。ムードに流されない議論が必要だ。》（7月13日・与良正男専門編集委員）

最近の風潮にも触れている。

《批判なき政治は独裁を生む。ところが最近、批判は「悪口」だと見なされて、いけないことだという風潮がある——と私は再三、書いてきた。事件を機に権力批判を封じる（あるいは控える）空気がさらに広がるのを危惧する。》

今回は批判どころか議論すらあっという間に封鎖された。岸田首相の決断は民主主義を守り抜くどころか「民主主義への挑戦」にみえてしまう。これをきっかけに今後も次々に挑戦がおこなわれるのだろうか。

注目したい追悼方式は…

国葬か国民葬か合同葬か。冒頭にあげた産経新聞の記事にある解説をもとに考えると、私が注目したいのは「国民葬」だ。

「国葬」は吉田茂氏のときも異例であったことがわかるし、「合同葬」だと「安倍さんの首相としての任期は過去の合同葬で見送られた誰よりも長い」という声も出るだろう。その点「国民葬」(過去では佐藤栄作)だと安倍氏の首相在任期間はまさに佐藤栄作氏と双璧だし、ポイントは「内閣と自民党、国民有志が共同で実施。費用はそれぞれが支出した」という点です。これだと税金投入は一番少なそうだし(かからない?)、すでにニュースで伝えられるように安倍氏を悼む人々の多さを考えると国民有志からかなり費用が集まりそう。むしろ国葬より盛大な式ができる予感もする。

様々な意見が出れば、各形式に対するメリット・デメリットなどもっと細かい議論も出てくるはずだ。そしてまた考えることができる。

岸田さん、もう少し議論したらどうでしょうか。

2022年
11月1日

「安倍氏にスポットライトを当てるための政治人生」野田佳彦が「追悼演説」で見せた〝プロレス愛〟がすごすぎた

「かませ犬」発言にピンときた

10月25日、野田佳彦元首相による安倍晋三元首相への追悼演説がありました。新聞各紙でも大きく取り上げられ「賛辞集める野田氏の追悼演説」（夕刊フジ10月27日付）と評価も高かった。

あの追悼演説に関しては識者の論評をきちんと読んでもらうとして、私はまったく違う視点から述べてみたい。

それは「野田氏のプロレス好き」という点からだ。

野田氏は以前からプロレスファンであることで知られる。先日はアントニオ猪木さんのお通夜に出席したという。

野田氏は追悼演説に白羽の矢が立ったときに「安倍氏にスポットライトを当てるための政治人生です。『かませ犬』みたいです」とブログに書いた（10月17日）。

そのまま読むと自虐的だが、この発言を知ったときにプロレスファンの私はピンときたのです。

「かませ犬」という言葉はかつて長州力がライバルに「俺はお前のかませ犬ではない」と言ってブレイクしたセリフだからだ。この言葉をわざわざ使うことで「野田氏は演説に相当な自信があるのだな」と感じた。

すると追悼演説後に野田氏はテレビ番組で《1982年、プロレスラーの長州力が藤波辰爾に対して言ったとされる「俺はお前のかませ犬ではない」という発言を踏まえたものであると明かした。》（スポニチWEB10月25日）。

さらに、

「私は自虐ではなく〝かませ犬で終わらないぞ〟と気合をこめて、今回の追悼の原稿をしっかり書いていこうという意味」

「プロレスファンじゃないとわからないメッセージ」

と述べたという。ズバリではないか。多くのプロレスファンはニヤリとしたはず。

野田演説には、プロレス的要素がいっぱい

実際に演説自体にもプロレス的な要素がふんだんにあった。

私はプロレスは「相手の良さを引き出しながら、いかに自分の主張を出していくか。観客の想像を踏み越え、仕掛け、いかに心を摑むか」というジャンルであるとも思っている。

野田氏の演説もまさにそうだ。安倍氏を讃えながらも「そういえば野田さんも元首相だったな、

いろいろ闘っていたんだな」と〝観客〟に想像させ、自分を上げることにも成功していた。巧いなぁと思わずニヤッとしました。安倍晋三のライバルは野田佳彦だった、というイメージすら植え付けることに成功したのかもしれません。したたかです（褒め言葉）。

こんな言葉もありました。安倍元首相との「論戦」について。

《少しでも隙を見せれば、容赦なく切りつけられる。張り詰めた緊張感。激しくぶつかり合う言葉と言葉。それは、1対1の「果たし合い」の場でした。激論を交わした場面の数々が、ただ懐かしく思い起こされます。》

正直この部分は「あの2人のやりとりってそんなに凄い論戦だったっけ？」と思ってしまいました。しかしこれも自分の存在を観客に訴えるマイクアピール（主張）だと思いなおせば理解できた。自分を美しく見せて少々盛るのもマイクアピールです。

拍手をしている議員がマヌケに見えた

いけない、野田氏をちょっとディスってしまいました。でもきちんと演説の最後のほうには「仕掛け」も用意していた。

《真摯な言葉で、建設的な議論を尽くし、民主主義をより健全で強靭なものへと育てあげていこうではありませんか。》

議場は拍手に包まれましたが、私は拍手をしている議員がマヌケに見えた。ここ数年の国会を見ていると「建設的な議論を尽くす」に拍手しちゃった議員さんは大丈夫なの？　と思えたからです。

あと、安倍氏は首相時代に「真摯」という言葉をやたら使って真摯ではない態度のときがやたらありました。それをわざわざ思い起こさせるような「真摯」の使用。野田氏のいじわるが炸裂した場面でした。

ちなみに野田氏はかつて安倍首相が現役のときに雑誌でこう語っています。

《プロレスは、相手の技を一生懸命に受け止めて、お互いの良さを引き出しあうからこそ、感動できる。「受け」が重要なんです。政治も言論の戦いですから、相手に一定のリスペクトをもって話を聞けば、建設的な議論になる。総理大臣がヤジを飛ばしているようでは、お話になりませんよ。》（「Number」２０１５年7月30日号）

安倍氏が現役のときはしっかりこう言っていました。今回は追悼演説なので表現や言葉選びが巧みだったことがわかります。

さて今回の演説のハイライトは次の部分ではないでしょうか。

《再びこの議場で、あなたと、言葉と言葉、魂と魂をぶつけ合い、火花散るような真剣勝負を戦いたかった。勝ちっ放しはないでしょう、安倍さん。》

真剣勝負とちゃんと言うのもプライドだし、何より「勝ちっ放しはないでしょう」という呼びかけがいい。

プロレスは結果も重要ですが試合における「過程（プロセス）」はもっと重要なのだと私は学びました。過程が充実していなければ意味がないのだ。それは政治家の議論も同じです。

政治の場における「プロレス」の誤用

ともすれば「プロレス」という言葉が政治の場で使われるときはネガティブな意味でしか使われない。「茶番」とか「段取りがある」みたいな意味で使われる。ワイドショーでコメンテーターが国会を見て「これはプロレスで……」などと半笑い気味で使う。

しかしそれは間違いだ。政治でプロレスという言葉を使うなら「お互いの良さを引き出しあうからこそ、感動できる」「相手に一定のリスペクトをもって話を聞けば、建設的な議論になる」「有権者やメディアに仕掛ける」という意味でこそ、なのだ。

プロレスの試合みたいに国会も「過程」を大事にしませんか？　そんなことをあらためて思い出させてくれた追悼演説だった。

思い返せば、野田氏は国葬出席表明時から今の流れになることを仕掛けていたのでは？　とすら感じる。

そんな「野心」も含めて味わい深かった。

追記

野田氏の演説は好評で、このあとメディアでは野田復権論から立憲代表を目指すのでは？ といった記事が増えた。そして2024年9月の立憲代表選に出馬し当選した。野田氏のプロレス的な仕掛けは「まんまと」成功したようにも思える。

2023年
5月16日

岸田首相に「安倍化」の兆候？　自著で語っていた〝戦法〟

「政治家は、罵倒されたからと言って……」

岸田首相に感じた「野心」

どうでもよさそうな小ネタから大事なことが見えてくることもある。最近だとこちら。

『「ジューシー」発言だけじゃない　岸田首相にみられる〝安倍化〟の兆候』（東スポＷＥＢ５月11日）

首相が名産品のメロンを食べて「ジューシー」と感想を述べた。かつて安倍晋三元首相も多用したのが「ジューシー」という言葉だったので〝安倍化〟の兆候というのだ。

どうでもいい……いや、どうでもよくない。

というのも最近の岸田首相はたしかに安倍元首相っぽい戦略を感じるのである。例えば５月３日の憲法記念日には産経新聞の一面に登場した。

『改憲へ国民投票　早期に　首相　任期中の実現意欲　本紙インタビュー』

媒体を選んでインタビューに応じるのは安倍氏がよく使っていた手法だ。憲法記念日に改憲派の産経を選ぶのは「保守派への配慮」が見える。まさに〝安倍化〟の兆候かもしれない。

だが実は安倍化ではなく安倍超えという野心を抱いているのでは？　と思わせる記事もあった。

ＧＷ期間中に読売新聞や朝日新聞は首相に関する連載を載せていた。注目したのは岸田首相の言葉の数々だ。まずは昨年末にこう言ったという。

「俺は安倍さんもやれなかったことをやったんだ」（朝日新聞5月4日）

岸田政権は昨年12月、国家安全保障戦略など安保関連3文書を改定し、敵基地攻撃能力（反撃能力）の保有を決めた。原発政策では再稼働の推進だけでなく、建て替えや運転期間の延長に踏み込む方針を決定した。なので高揚感を隠しきれない様子で周囲に語ったというのだ。

長期政権を意識している？

さらに3月上旬には自派「宏池会」の中堅・若手議員らに

「今年の夏までやれば宮沢喜一さんを抜く」

と口にしたという（朝日新聞5月6日）。「抜く」というのは宏池会の先輩である宮沢喜一の首相在任日数644日のことだ。

この言葉を聞いた一人は「池田さんを超える長期政権を意識している」と感じたとも。ちなみに宏池会出身の首相の最長が池田勇人の1575日。2026年の1月まで首相を続ければ、岸田首相は「池田超え」を達成する。当然ながら来年9月に任期満了を迎える自民党総裁に再選されることが前提である。

そうか、岸田首相は長期政権を狙っているのか。となると気になることがある。では何をやりたいのか？　という点だ。しかしそれは今に始まったことではない。首相に就任したばかりの頃、私は「本当は怖い岸田政権」だと感じた。ビジョンがなくこだわりがない様子はなんでも飲み込んでしまいそうに見えたからだ。昨年の正月、健在だった安倍氏は読売新聞のインタビューで次のように語っていた。

《国会では、憲法改正論議の進展に期待しています。ハト派の宏池会から出ている岸田首相の時代だからこそ、一気に進むかもしれません。》（2022年1月3日）

「暖簾に腕押し」作戦

今だと予言のようにも読める。こういう政策は岸田首相のように何もこだわりがなさそうなトップのときにこそ実現するのだろうか？　と以前に書いたが、敵基地攻撃能力（反撃能力）の次はやはり憲法改正なのだろうか。

そこで気づくのは岸田首相の「戦法」である。このように議論が活発になりそうなお題は感情が激突することがある。安倍氏はしばしば国会で感情的になった。しかし岸田首相は何を言われても「糠に釘」なのである。応えない、響かないのだ。実際に著書『岸田ビジョン』では、

《政治家は、罵倒されたからと言って自分が感情的になってはいけません。糠に釘ではないですが、ありがとう、と笑って受け流す『暖簾に腕押し作戦』で切り抜けるしかありません。》

と書いている。

脱力してしまうが「感情的にならない」のメリットをあげれば、「煽らない」ということでもある。最近で言えば和歌山での遊説会場に爆発物が投げ込まれたあとも首相は淡々と遊説を続けていた。帰京後にはいつものように理髪店に行っていた。留飲を下げるようなことは言わずにすべてを日常化してしまう。熱狂は生まない代わりにすべてを淡々とさせる。

だからだろうか、岸田首相は大事件の後にもかなりの割合で脱力ネタがついてまわる。決死の覚悟でゼレンスキー大統領に会ったという大ネタの後には「必勝しゃもじ」、爆発物事件の後は「うな丼大臣のスピーチ」である（各自確認）。あたかも脱力ロンダリングが発生して人々の感情をたかぶらせないようにしているみたいだ。

「本当は怖い岸田政権」なのか

そんななか着々と岸田首相は「安倍さんができなかったこと」をしている。先週末にはこんなニュースも。
『軍事大国化が「日本の選択」岸田首相、タイム誌表紙に』（共同通信5月11日）
米誌タイムは岸田首相を表紙に掲載したのだが、「長年の平和主義を捨て去り、自国を真の軍事大国にすることを望んでいる」と首相を紹介した。現在は見出しが変わって「首相は平和主義だった日本に、国際舞台でより積極的な役割を与えようとしている」になっている。外務省が異議を唱えたという。でも海外メディアからは岸田首相は大転換しているように見えるのだろう。

しかし同時にセットなのが「具体性に乏しい答弁が多く、議論が深まっていない」（朝日新聞5月9日）という姿勢でもある。昨年末にどさくさに発表した安保関連3文書改定など、もろもろの案件を思い出す。でも物事はどんどん進んでいく。やはり「本当は怖い岸田政権」ではないだろうか。

2023年
7月18日

「パンツ泥棒」疑惑の議員も……自民党最大派閥・安倍派「会長レース」の行方は？

「5人」が好きな森喜朗氏

安倍晋三元首相の一周忌を前にした頃から、新聞紙上ではあの人物の名をまたよく見るようになった。

『実質「森派」？　決め手欠きまだ決まらない「ポスト安倍」』（スポニチアネックス5月17日）

出ました森喜朗！

《確実に言えるのは、森氏の存在感が増していることで、政府関係者は「森氏がにらみを利かせる〝森派〟の状態がしばらく続きそうだ」と指摘。》（同前）

そんな森氏が提唱しているのが「5人衆」である。

《「5人衆」とは、元派閥会長の森喜朗元首相の提案で、政府・自民内で要職を務める5人の有力議員による集団指導体制のことだ。》（朝日新聞デジタル7月6日）

5人のメンバーは、松野博一官房長官、西村康稔経済産業相、萩生田光一政調会長、世耕弘成参院幹事長、高木毅国会対策委員長。

裏を返せば安倍派のトップがなかなか決まらないということでもある。どんぐりの背比べというか、誰が会長となっても現時点では派閥内から不満が出てきそうなので元派閥会長の森喜朗氏の発言が重宝されているのだ。

そういえば森喜朗氏が首相になった時も「5人組」という言葉があった。2000年4月に小渕恵三首相が緊急入院した際、「5人組」と呼ばれた政権幹部の協議により森首相が誕生。しかし「密室政治」とかなりの批判を浴びた。それでもやっぱり5人が好きな森喜朗氏なのである。

今回の5人衆という体制はまだ確定ではなく、さまざまな案もあるようだ。たとえば「会長と総裁候補の分離」案。

《会長レースで有力視されているのは、萩生田、西村両氏だが、会長を萩生田氏、総裁（首相）候補を西村氏とする「会・総分離」を支持する議員も目立つ。「ポスト岸田」への意欲を隠さない西村氏と、幹事長を目指すと公言している萩生田氏双方の顔が立ち、亀裂が生じるリスクを減らせるためだ。》（読売新聞6月28日）

他にもこんな案があるという。

《そうした中で、高木氏を会長に推す案も浮上している。「高木会長であれば、他の人間が共同代表的に支える形にできる」（同派関係者）という構想だ。》（同前）

高木氏の「パンツ事件」とは？

野心が無さそうな高木氏を会長にすることで丸く収まる？　しかし高木氏といえば気になることがある。週刊文春（7月20日号）にはこんなコメントが。

「能力も意欲もなく、誰からも『首相候補』と目されない最年長の高木氏を一時的に祭り上げる案もあるが、最後にはパンツ事件が引っかかり、暗礁に乗り上げる」（政治部記者）

パンツ事件とは何か？　実は高木氏は「これまで何度も下着ドロボー疑惑が浮上している」のだ（同前）。復興大臣となった2015年に、週刊文春や週刊新潮が報じている。これは単なる噂話やゴシップではない。週刊誌報道を受けて地元の「日刊県民福井」は一面で『高木氏週刊誌報道　窃盗疑惑は「事実」』と書いた（2016年1月13日）。当時の福井県警の捜査関係者が証言した。だから高木氏の呼称がふつうに「パンツ」となっていたのである。ちなみに週刊文春の記事によると高木氏は「萩生田だけはダメだ」と反発しているという。こんな対立があるのか。東スポには「萩生田、反パンツ同盟結成へ」と盛り上げてもらいたい。

さらに5人衆案にはこの人が噛みついた。

『安倍派新体制「5人衆」案、下村氏反対』（毎日新聞デジタル7月11日）

安倍派の下村博文氏が「5人衆」案に反対したのである。下村氏からすれば会長代理の俺を抜かしてありえないという怒りだろう。下村氏と言えば以前から自民党総裁選には意欲満々。しかし周囲はまったく盛り上がらない。

安倍氏亡き後は『安倍派継承、息巻く下村氏』（信濃毎日新聞デジタル２０２２年７月24日）という記事もあった。その性急な動きが反発を招いていると書かれている。

下村博文氏といえば、２０２１年の共同通信（９月５日）による、次の首相に「誰がふさわしいか」調査での支持率は０・６％だった。最近流行のアルコール度数０・５％の「微アルコール」と似ていたので、私は「微アル博文」と呼ぶようになった。

もっと酔わせてほしいが、下村博文氏と言えば、昨年の安倍氏銃撃事件以降「旧統一教会の名称変更当時の文科相」だったことが注目された。教団は１９９７年に名称変更を相談したが却下され、２０１５年になって申請したら認められたからだ。同じ安倍派の萩生田氏も旧統一教会との関係が注目されている。

保守派はなぜ沈黙しているのか？

自民党と統一教会でいえばこんなことがあった。
『韓鶴子総裁「岸田を呼びつけて教育を受けさせなさい」内部音声を独自入手「日本の政治は滅びるしかないわよね」旧統一教会』（ＴＢＳテレビ７月３日）
《旧統一教会、「世界平和統一家庭連合」の解散命令請求に向け、国が「質問権」を行使する中、教団の韓鶴子総裁が日本の幹部らおよそ１２００人を前に、「岸田総理や日本の政治家を韓国に呼

びつけて、教育を受けさせなさい」と発言していたことがわかりました。》

この件に関して、日刊スポーツのコラム「政界地獄耳」は『侮辱にもダンマリの保守派…教会との癒着はすべて安倍氏だけのことにしたいのか？』と指摘（7月11日）。

《不思議なのは保守派が心酔する旧統一教会の理屈は保守派のそれと全く合致せず、日本を侮辱し戦犯国と呼ぶなど聞き捨てならない発言ではないのかということだ。自民党内からも保守派からも総裁の発言に怒りどころか、苦言すら言わないことが保守派の漂流なのではないか。それとも教会との癒着はすべて安倍だけのことにしたいのだろうか。それを保守と呼べという方が無理ではないか。》

追記

たしかに不思議であるが、「反共」から旧統一教会と結びついた岸信介を源流とする保守派（安倍派）の伝統や、選挙での大切な仲間としてお付き合いもあったことが「沈黙」の理由としても見えてこないだろうか。あと、この際、日韓の過去についてすべて話し合ってみるというのも「保守派」の課題では。

2023年
9月26日

安倍元首相「国葬儀」から1年――世論の反対を押し切って断行 岸田政権が「歴史に刻んだもの」とは

「国葬」ではなく「国葬儀」

安倍晋三元首相の「国葬儀」から明日9月27日で1年が経つ。もう一度おさらいしよう。

《国葬は国に功労のあった人の死去に際し、政府が主催し全額国費で執り行う葬儀だ。正式には「国葬儀」と呼ぶ。どのような基準で国葬を催すのかを定めた法律はない。》(日経電子版2022年9月26日)

報道各社は「国葬儀」ではなく「国葬」と報じた。この流れは時系列で振り返るとわかりやすい。

当時を思い起こすと、ここしばらく歴代の首相は内閣・自民党の合同葬だったのに安倍氏を国葬にするのはなぜ？　という論議が起きていた。すると「国葬ではなく国葬儀」という〝きちんとした言いなおし〟が出てきた。自民党HPにも『国葬儀という形が適切』(2022年9月9日)という記載がある。というのも、国葬には根拠となる法令がないからだ。

しかし当初はストレートに、政治家の国葬をやるかどうかが実質的な論議だったはずだ。記事でおさらいしよう。

安倍氏が亡くなってから5日後に産経新聞が『安倍氏「国葬」待望論』（2022年7月13日）と一面トップで書いた。ちゃんと「国葬」と書いてある。しかも待望論があると。

ところが記事を読むと、国費を投じること、最近では内閣と自民党による「合同葬」が主流などを挙げて国葬は難しいかなぁ……という産経新聞の正直な思いが伝わってきた。まぎれもなく「国葬」の話だった。

すると翌日、岸田首相は国葬をおこなうことを発表した。経緯は次になる。安倍氏が死去した数日後、首相は安倍氏の国葬を検討するよう、周辺に指示した。ただ、国葬を定めた法律はない。全額国費でまかなうことに、政府内には「行政訴訟のリスクがある」との慎重論もあった（朝日新聞デジタル2022年7月22日）。

《そこへ、内閣法制局からの報告が届く。》（同前）

内閣府設置法を理由に、政府単独による国の儀式としてなら閣議決定だけで国葬も可能という内容だった。岸田首相は国会での議論を飛ばせることになり、「国葬儀」と言い始めた。ここは押さえておきたい流れだ。そして同時進行で話題が大きくなったのが旧統一教会問題だった。安倍氏との関わりが濃かったことが明らかになるにつれ、国葬論議も過熱していく。

岸田首相が語った「国葬の理由」

岸田首相は8月31日の記者会見で、国会で説明することをようやく表明した。国葬の理由については「弔問外交」の意義を主張し「日本国として礼節を持って応えることが必要だ」と強調した。それでいうと次の質問が面白かった。

《本紙は、国葬ではなく内閣・自民党合同葬だった過去の元首相の葬儀にも現職の米大統領ら多数の要人が来ていることを指摘して「当時は国際儀礼、礼節を欠いていたとの認識か」とただしたが、首相は回答しなかった。》（東京新聞WEB8月31日）

調べてみると3年前に開かれた中曾根康弘氏の内閣・自民党の合同葬でも「外国の要人らが献花を行った」（産経新聞2020年10月17日）とある。菅義偉首相（当時）による合同葬という対応は失礼だったのだろうか。2000年、小渕恵三氏の合同葬ではクリントン米大統領や金大中韓国大統領が参列していた。当時の森喜朗首相は礼節を欠いていたのだろうか？　たしかに森喜朗は数多くの失礼をしてきたかもしれないが、この時の対応はそうだとは思えない。

弔問外交についてわかりやすく指摘したのが、毎日新聞のコラム「井上寿一の近代史の扉」（2022年9月17日）だ。弔問外交の良い点は、2国間で緊張関係にあっても一時的に棚上げして接触することができるメリットを書いていた。

《この観点に立つと、もっとも重要な弔問外交の相手国はロシアのはずである。しかしプーチン

大統領がいち早く欠席を表明したことで、どうにもならなくなった。ロシアのつぎは中国だろう。》（井上寿一学習院大教授）

ロシアや中国のトップは来日しなかった。こうして弔問外交という理由も説得力がなくなっていった。

さて整理したいことがある。国葬について考えると安倍氏の顔が浮かぶが、これは岸田首相を考える案件だ。

岸田政権の分岐点だった？

岸田氏は首相就任後、政策や決定を出して世論に不評だと、あとから〝軌道修正〟するというスタイルをとっていた。発足から４カ月となる岸田政権について、読売新聞オンラインは『政策の軌道修正繰り返す岸田政権…支える官邸の重厚布陣』と書いている（２０２２年1月28日）。

岸田政権は政策の軌道修正が目立ち、朝令暮改、場当たり的といった批判がつきまとうが、ミスや弱点が見つかったらすぐに改めようとする姿勢を評価する声の方が多いと。この記事では具体例として「18歳以下への10万円相当の給付」について書かれている。

そんな岸田首相が独断で大きな決断をした。それが「国葬」だった。しかしどの世論調査でも徐々に反対の声が大きくなったが、岸田首相は得意の軌道修正はしなかった。閣議決定もしたので引っ込みがつかなくなったのだろう。押し切るしかなかった。

ところがどうだろう、押し切ったら「いけてしまった」のである。これは分岐点ではなかったか。その後の政策、たとえばマイナ問題などを見ても軌道修正せずに押し切ろうとする姿勢が目立ち始めた。国葬で味をしめたと言えないか。

岸田首相は国葬について「検証をしっかり行う」と明言した。その結果はどうだったか。先日政府は国葬の記録集を作成したが内容には批判が多い。

山陽新聞は『国葬の記録集　批判をなぜ後世に伝えぬ』(9月17日)とし、《納得しかねるのは、国葬の是非が世論を二分したにもかかわらず、課題を検証した有識者ヒアリングの内容が盛り込まれなかったことだ。》と指摘している。

『安倍氏国葬記録　岸田首相の約束は反故に』(信濃毎日新聞9月12日)という社説も。

《一連の「検証」を振り返ると、次の国葬は当面ないと踏み、国民の記憶が薄れるに任せているとしか思えない。防衛政策や原子力政策、デジタル化も同様だ。異論を封じ、政権内の意見調整だけで重要案件を次々と推進し続けている。首相自身の約束も、十分な説明責任も果たさない。》(同前)

今の態度にもすべて通じていると指摘されている。やはり岸田首相にとって「国葬」は大きな分岐点だった。

では、あらためて考える。国葬と内閣・自民党の合同葬のどちらがふさわしかったのか。実は国葬当日にヒントがあった。

「国葬」が歴史に刻んだもの

菅前首相は安倍氏の遺影に向かい「あなたの判断はいつも正しかった」と述べた。大きなポイントだった。あの言葉が自民党葬なら違和感はなかったろうが、国葬だと不自然に思えたからだ。故中曾根康弘氏は「政治家の人生は、その成し得た結果を歴史という法廷で裁かれることでのみ、評価される」と言った。政治家の評価は長い時間が必要なのだ。身内の評価だけで盛り上がるなら内閣・自民党の合同葬がよかったのではないか。もしくは佐藤栄作モデルの「国民葬」だ。内閣と自民党、国民有志が共同で実施、費用はそれぞれが支出したものである。

これなら税金投入は少なくなるし、国民有志からかなり費用が集まったのではないか？　合同葬か国民葬ならあれほどの賛否は起きず、粛々と安倍氏をおくる儀式ができたのではないか。岸田首相のひたすら曖昧な態度が歴史に刻まれたのが国葬だった。

2024年
8月20日

「押し切ったらいけてしまった」岸田文雄首相が「聞く力」を捨てて独断型に変わった〝あの国葬の成功体験〟

「岸田首相には評価できる点もある」と産経

サプライズを仕掛けたつもりでも、周囲を困惑させるだけの人がいる。思い起こせば岸田首相もそんなおじさんでした。

次の自民党総裁選に出馬しないと表明した8月14日の記者会見。なぜこの日だったのだろう。日本にとって大切な「8月15日」の紙面が政局記事で埋まってしまうという想像力はなかったのだろうか？

お盆明けから次の総裁を狙う人たちが手を挙げるから、追い込まれた印象の前に先手を打ちたかったのかもしれない。でもそれなら南海トラフ地震臨時情報の期間が明け、戦没者追悼式を終えた、たとえば16日（金）の表明ではダメだっただろうか。そんなに驚かせたかったのだろうか（その割にはあまり驚かれてもいない）。

岸田首相の「唐突」は、最近では岸田派の解散だ。政治倫理審査会への出席も突然に言い出したこともあった。リーダーシップを発揮して局面を打開したならともかく、混迷をさらにかき回しただけだった。

「唐突」「ちぐはぐ」は岸田政権の特徴だ。ためしに検索してほしい。岸田政権に関するニュースがぞろぞろ出てくるはずだから。

では約3年間の岸田政権の功罪の「功」は何だったのだろう。新聞各紙（8月15日）を見てみよう。

首相自身は14日の記者会見で、賃上げや投資の促進、エネルギー政策の転換、少子化対策、防衛力強化などを挙げ、「大きな成果を上げることができたと自負している」と強調した（毎日新聞）。

産経新聞の社説は「岸田首相には評価できる点もある」とし、

・厳しい安全保障環境の中で、反撃能力保有や防衛費増額など防衛力の抜本的強化を決断した。安倍晋三元首相以来の安保政策の流れをさらに大きく前進させた業績を、岸田首相は誇ってよい。

・安定電源である原発の再稼働推進や、東京電力福島第1原発の処理水の海洋放出も評価できる。賃上げの促進など、日本経済のデフレからの完全脱却に向けて尽力した。

などを挙げていた。

社説が浮かび上がらせる「唐突」「ちぐはぐ」な岸田政権

読売新聞の社説は、

・23年度からの5年間の防衛費をそれまでの1・5倍超に増やすことを決めた。

・敵基地攻撃能力についても、保有に舵を切り、安保政策を大きく転換した。

・日韓関係を改善させた。

・少子化対策として児童手当や育児休業給付の拡充を柱とする法改正を実現させた。

などを挙げた。ここで注目したい言葉は「道筋をつけた」である。実はそのプロセスについて問われていたからだ。

毎日新聞の『脱デフレ進展も　財政再建半ば』(8月15日)では、

・防衛費大幅増額は必要な追加財源は法人、所得、たばこ3税の増税などで賄うとしたものの、増税時期は未定のままだ。

・看板政策の「次元の異なる少子化対策」は財源となる支援金制度は医療保険料に上乗せして国民、企業から1兆円を徴収するのに、首相は「実質的な追加負担はない」と主張。若い世代を中心に不満と不信感がくすぶる結果になった。

などなど、「国民に負担を求める財源確保は後回しにする傾向が強かった」と指摘。首相を「増税メガネ」と揶揄《やゆ》する言葉も出回り、政権浮揚策として1人当たり4万円の定額減税を始めた例も挙げている。
さらに社説では、
《理念や哲学は見えず、多くの政策が人気取りのバラマキと映った。》(毎日新聞)
ここで書かれていることは先述した岸田政権のキーワード「唐突」「ちぐはぐ」にもリンクしないだろうか。
信濃毎日新聞の社説では、
《首相の「聞く力」は、賛否の割れる問題の片側の意見にしか向いていなかった。閣議決定などで主要政策を決定する政治手法の常態化は国会軽視であり、民主主義をないがしろにしている。》
と政治手法について問われていた。

岸田首相はいつから「聞かなくなった」のか

そういえば「聞く力」を掲げて登場した岸田首相だったが、いつから「聞かなくなった」のか。約1年前の当コラムでは岸田首相の分岐点について考えている。

岸田氏は首相就任後、政策や決定を出して世論に不評だと、あとから〝軌道修正〟するというスタイルをとっていた。発足から4カ月となる岸田政権について『政策の軌道修正繰り返す岸田政権…支える官邸の重厚布陣』と報じられている(読売新聞オンライン2022年1月28日)。

そんな岸田首相が独断で大きな決断をした。

2022年の安倍晋三元首相の「国葬」だ。世論調査では徐々に反対の声が大きくなったが、得意の軌道修正はしなかった。閣議決定もしたので引っ込みがつかなくなったように見えた。ところが、押し切ったら「いけてしまった」のである。

あれが分岐点ではなかったか?

岸田氏と安倍氏でいえば、2022年の読売新聞「新年展望」（1月3日）で安倍氏は次のように語っていた。

《国会では、憲法改正論議の進展に期待しています。ハト派の宏池会から出ている岸田首相の時代だからこそ、一気に進むかもしれません。》

岸田首相は安倍氏の期待通りに憲法改正を言い（最近もあらためて口にしていた）、敵基地攻撃能力の保有など安保大転換は安倍氏の予言と期待どおりだった。

同時期の朝日新聞は岸田首相について、

《批判を受ければ、ためらうことなく方針を転じる。変わり身の早さを、自民党幹部はこう評する。「ぬえみたいな政権だ」》（朝日新聞2022年1月5日）

変わり身の早さを可能にしているのは「岸田自身のこだわりのなさだ」と評していた。ビジョンがなくこだわりがない岸田首相はなんでも飲み込んでしまう。この調子でどこまで行くのかと思い、私は当時「本当は怖い岸田政権」と名付けた。

今こうして約3年間の岸田政権を振り返ると〝実績〟といわれる政策のセットとして「唐突」

「ちぐはぐ」「国会軽視」「民主主義ないがしろ」などがついてまわる。

徹底してプロセスがおそろかで、何か決めたように見えるが実態はあやふや（財源確保は先送りなど）なこともわかる。それは旧統一教会問題や自民党裏金問題の対応でも繰り返された。やはり「本当は怖かった岸田政権」ではなかったか。

就任直後の「新しい資本主義」「岸田ノート」はどこへ

岸田氏は何をやりたくて首相になったのだろう。退陣表明を見て思い出したのは、岸田氏が子どもから首相になりたかった理由を尋ねられ「こうなってほしいと思うことを先頭に立って実現する仕事をしたいと思った。日本で一番権限が大きい人なので首相を目指した」と答えたことだ（昨年3月）。

しかし広島選出で核廃絶がライフワークという割には世界に対して歴代首相と言うことが変わらなかったのは不思議だった。

就任直後に語った「新しい資本主義」はどこへ行ったのか。「火の玉」も「岸田ノート」もどこへ。安倍・菅政権の政治手法を「民主主義の危機」と訴えた3年前の総裁選出馬会見の姿はどこへ。

目の前のことをこなした約3年間という自己評価かもしれない。しかし総裁再選に色気を持って安倍派などに気を使い、国民には目先の人気取りに励んだ。その結果、何をやりたいのかわか

らない人になった。次の人にはやりたいことを明らかにし、国会の議論を大事にするところから
まず始めてほしい。

Ⅳ　「岸田政権の卒アル」から消せない記憶の数々

2023年
1月17日

旧統一教会問題も「なかったこと」に……？「安倍派」後継争いの有力者・萩生田光一の〝ずるい振る舞い〟

なぜ「信頼」が厚いのか？

２０１６年に大ヒットした映画『シン・ゴジラ』。主役を務めたのは「官房副長官」役の長谷川博己だった。あの映画の衝撃の一つは、映画館を出たら現実の官房副長官は萩生田光一氏だったことである。あれから7年、萩生田先生がまた目が離せない存在となってきた。自民党では政調会長を務め、安倍派の後継争いの有力者としても紙面で見かける。

たとえば田崎史郎氏（政治ジャーナリスト）のコラム（四国新聞1月8日）。「岸田の伴走者は誰か」という内容で、見出しに『軍師・萩生田　信頼厚く』とある。

自民党情報に強いというか自民党広報みたいな田崎氏が萩生田氏を絶賛しているのが興味深い。なぜ萩生田氏は「信頼」が厚いのか？　田崎氏曰く、永田町の流れを読むセンスが優れ、かつ、こうと思ったことを正面切って直言することをいとわないことから、菅義偉氏や岸田氏らに好かれているという。

そんな萩生田氏は衆院解散時期について「今年秋もあり得る」と語ったとかで「衆院解散は早いかもしれない」とコラムは結ばれている。田崎史郎氏、嬉しそう。

公明党から刺された「クギ」

萩生田氏と言えば昨年末のテレビ番組で、増税前に衆院選で国民に信を問う必要があると発言。これには公明党の山口那津男代表が「衆議院の解散は岸田総理大臣が決めることで、専権事項だ。権限のない人が、こういう理由で解散しろとか、ああいう理由だから解散するなといった発言は控えるべきだ」と述べ、クギを刺した（ＮＨＫ政治マガジン1月11日）。
自民党のやることには見て見ぬふりする公明代表が言うのだからよほどの越権行為に見えたのだろう。そういえば「萩生田」と「公明党」といえば昨年11月にこんなツッコミもあった。
『萩生田も公明党も言えた義理か』（日刊スポーツ「政界地獄耳」２０２２年11月22日）
この時は「辞任ドミノ」が注目され、寺田稔（前総務相）更迭の頃だ。公明・山口代表は「内閣全体として体制をしっかり立て直して国民の信頼を取り戻す努力が大事だと思う」と苦言を呈し、自民・萩生田政調会長は「政治資金規正法を所管する総務相として、自らの疑惑に対して説明が国民に分かりづらいところがあったと思う」と発言した。

しかし、そもそも旧統一教会問題から始まった閣僚の辞任ドミノなのに、旧統一教会との関連がクローズアップされた萩生田氏や、宗教問題で関連のある公明党がシレッとコメントしている。そんな状況を「萩生田も公明党も言えた義理か」と自民党幹部が言っていたのだ。

問題の当事者が第三者のように外から苦言を呈してみせる。まるでおならをした人がさりげなくその場を離れて「何だか臭いね」ととぼけているようだ。本人は関係ないつもりでもおならの臭いは簡単に体から離れない。周囲はわかっているし忘れるわけがない。萩生田氏の旧統一教会問題での「何もなかったかのような振る舞い」はそんな状況に似ている。

山上被告へ「甘ったれるな」

それで言うと先週はもう一人、何もなかったかのような人がいた。

『旧統一教会の支援受けた自民・井上氏　山上容疑者へ「甘ったれるな」』（朝日新聞デジタル1月11日）

井上義行参院議員へのインタビューである。井上氏は安倍氏の元側近であり、昨年の参院選では安倍氏が教団票の支援を井上氏に割り振ったとされる。実際に教団の関係団体のイベントで井上氏が「投票用紙2枚目は～？」と呼びかけると参加者が「井上義行～！」と答えるゴキゲンな映像が報道で繰り返し流された。

そんな井上氏がインタビューに答えているのだが、まず安倍氏が統一教会と近かったと報道されることに憤っていた。《別の勢力によるテロの可能性だって十分にあり得るはずです》とも言っている。事件後に何が問題となり注目されているのかわかっていない様子なのだ。

山上被告に対しては《私は大根1本で1週間暮らしてきた経験があります。40歳にもなって、親の財産のことで苦しむなんて、甘ったれるなと思います》。教団から厚い支持を受けていた井上氏が言っている。違和感しかない。さらに言えば安倍元首相に世話になった人が事件の解明から目を背けているのも違和感がある。インタビューはいろいろ浮かび上がらせてくれた。

「萩生田」「井上」の並びに既視感

萩生田氏も井上氏も、なぜ何もなかったかのような振る舞いができるのだろう。そういえば「萩生田」「井上」という名前のこの並びには既視感がある。どこかで見たような……。

そうだ、加計学園問題である。あの問題の渦中、萩生田氏はかつて落選中に加計学園が運営する千葉科学大の客員教授として報酬を得ていたことも注目された。実はそれは井上義行氏も同じだった。

「井上さんも萩生田さんも、安倍枠で千葉科学大に入ったはずです。安倍さん自身が『萩生田は浪人（落選）して金が大変なので、加計に面倒見てもらうよう俺が頼んだんだ』と言っていました」と千葉科学大学の元教員が証言していた（『悪だくみ「加計学園」の悲願を叶えた総理の欺瞞』森功・文藝春秋）。

言いなおせば、

「井上にしろ、萩生田にしろ、千葉科学大危機管理学部の客員教授として報酬を得てきたのは紛れもない事実だ。つまり安倍が用意した側近たちへの救いの手が、盟友の経営する大学の客員教授ポストだったということだろう」（同書より）

ここでいう盟友とは加計孝太郎氏のことである。加計学園問題でも旧統一教会問題でも共通して出てくる「萩生田」「井上」という名前。うっかり感心してしまうが、萩生田氏と井上氏は何もなかったかのように加計学園問題でも旧統一教会問題でも振る舞う。「危機管理学部の客員教授」で教えていたことってそういうこと？　一度講義を受けてみたかった。

2023年
2月21日

国会で「所管外」答弁を12連発、「気球に聞いて」と珍発言も
——デジタル相・河野太郎の〝言い分〟は

タブロイド紙が「不都合な過去」を発掘

中国の偵察用気球と思しき物体が話題ですが、国会では河野太郎先生のフラフラとした気球ぶりがすごいです。

まずは衆院予算委員会。河野デジタル相が原発活用を進める岸田内閣の下で持論の「脱原発」を封印したのかどうかや、外相当時の外交政策について野党議員に聞かれ「所管外」との答弁を12回繰り返した（ロイター・共同通信2月13日）。

これを、口が悪い新聞（タブロイド紙）が伝えるとどうなるか。

《閣僚の立場を盾にダンマリを決め込む河野氏だが、野党時代を忘れたのか。》（日刊ゲンダイ2月16日付）

河野氏は以前にこんなことを言っていたという。

《12年8月の同委員会では、原発関連事業の天下り問題を取り上げ、「こういう指摘をされたとき

に『所管外だ』ということを答える原子力委員会及び事務局のいいかげんさというのが事故の引き金を引いた遠因の一つになっているんだと思います」と厳しく批判。「所管外」を連発する今の河野からは想像もできない口ぶりだ。》

意地悪だなぁ、ていねいに過去を掘り起こすなんて。こうしてみると河野氏にとって原発はただの人気取りだったのだろうか。

前原誠司からのツッコミ

ツイッターでは前原誠司氏が、

《河野太郎大臣、所管じゃないと逃げずに、ご答弁されたら如何でしょうか？　民主党政権の時の、ご自身の行動を思い起こして頂ければと思います。(誠)》

一体何のことかと思ったら、前原氏が外務大臣を務めたときに野党議員だった河野氏から次のように「質問」されていた。

《外務委員会ではございますが、前原大臣の国交相時代のさまざまな意思決定についてお伺いをさせていただきたいと思います。》(河野太郎)

ああ、河野氏も同じことをやっていたのか。未来の自分から確実に「所管外です」と言われちゃう。

では河野氏の言い分はどうなのだろう。

《河野氏は自身のツイッターで、12連発を伝えたTBSテレビ記者のツイートに「所管外のことに答弁できないという基本的なこと」などに触れていないとして、「こういう印象操作するんだ」と反発。》（東京新聞2月15日）

記事では「所管外」について過去の例を振り返っている。閣僚の場合だと、今回のように過去の発言など本人に関する質問に対して「所管外」が使われることもある。たとえばこれ。

《18年11月、片山さつき地方創生相（当時）が「生活保護は生きるか死ぬかのレベルの人がもらうもの」との過去の発言を問われ、「所管外のことでお答えは差し控える」と答弁した。片山氏は野党の批判を受け、「現在は内閣の一員なので内閣と同じ」と言い直した。》

これらの対応についてジャーナリストの鈴木哲夫氏は「閣僚は国会議員から選ばれる。省庁のトップであっても半分は政治家なのだから、政治家として意見を言うのはありだ」と指摘。つまり逃げるなと。

過去には「次の質問」4連発

そういえば河野氏は過去にこんな発言もあった。２０１１年11月の衆院決算行政監視委員会で、《河野は独立行政法人「原子力安全基盤機構」（当時）の人事について、経産省政務官を追及。「政治家としてどうお考えかと聞いております」などと、再三にわたり「政治家として」の答弁を求めた。》（日刊ゲンダイ2月16日付）

河野氏も政治家として答えよと以前に迫っていたというのだ。しかし今では正反対のことを言っている。フラフラとした態度がすごい。これではまるで「気球太郎」である。

今回の所管外12連発が注目されたのは、2018年にもやらかしていたからだ。

『「次の質問」4連発　河野太郎外相、日露関係で応答拒否』（産経新聞2018年12月11日）

当時外務大臣だった河野氏が閣議後に記者会見を行った際、日露関係についての記者の質問に連続して「次の質問どうぞ」とだけ答えた。産経は次のように書いた。

《自身の発言がロシア側の無用の反発を招き、条約交渉に悪影響が及ぶことを懸念して「だんまり」を決め込んだようだが、公式会見での木で鼻をくくった対応は、周囲をあきれさせた。》

言えないことがあるなら別の態度もあるだろう。産経師匠の小言のように「木で鼻をくくった対応」が政治家としての資質に疑問を抱かせたのである。

ゲンダイ師匠は「何かしら答えようとする高市が若干マシに見えるほど、国会を小バカにしたような河野氏の態度が異常なのだ」と同じ指摘をしている。ちなみに高市早苗氏がもらい事故になっている。

「ブロック太郎」の異名も

小バカにして無視するような態度に今回あらためて「ブロック太郎」がツイッターのトレンドになった。河野氏はツイッターでブロックを乱発することでもおなじみだからだ。おさらいしてみる。

『つぶやきは癒やし 河野氏、発信を継続へ』（毎日新聞2019年9月14日）

河野氏は「ブロック機能」を多用しているとの批判を受けていることについて「誹謗中傷している人には遠慮いただきたい」と説明。しかし河野氏は大事なことを言っていない。話をすり替えている。誹謗中傷や汚い言葉で絡んできた相手には政治家でもブロックしてもいいと私は思っているが、河野氏はエゴサーチをして自分を論評する人もブロックしているのだ。自分の名前で検索してわざわざブロックしている。

政治家のエゴサブロックがいかに怖いことか？

2020年6月、山口県、秋田県への配備を断念した陸上配備型迎撃ミサイルシステム「イージス・アショア」について、「事実上断念」と報じたNHKのニュースを河野氏は一方的に「フェイクニュース」だとつぶやいた。つまり論評者や批評者をブロックしておいて、自分にとって都合の良い空間で世論形成を煽っていたのである（このあと「イージス・アショア」は断念、フェイクニュースではなかった）。

これはもう、「たかがツイッター」ではなく政治目的でしかない。扇動である。

そして今回は「所管外」以外にもこんな話題が。

『気球に聞いてください発言　河野太郎氏「冷たいと思ったので」』（産経ニュース2月17日）

《河野太郎デジタル担当相は17日の記者会見で、防衛相だった令和2年6月、日本上空で目撃された気球型飛行物体の行方を問われ「気球に聞いてください」と述べたことについて、「分析内容は答えられないため差し控えるというべきだったが、冷たい（言い方）なので気球に聞いてくださいと申し上げた」と説明した。》

言葉も態度も慌てて修正している河野太郎先生。やっぱり気球のようにフラフラしています。

2023年3月14日

高市早苗「言った、言わない」でまたトラブルに「行政文書問題」よりもギョッとした〝国会答弁〟

過去にも揉めていた

放送法の「政治的公平」の解釈変更をめぐる総務省の行政文書が注目されています。

『高市氏と野党が放送法巡り対立　行政文書、捏造か圧力か』（日本経済新聞3月8日）

安倍晋三政権下で総務省が作成したとされるこの文書に名前が出てきた高市早苗氏が「捏造文書だと考えている」と言い、内容が事実なら閣僚や国会議員を辞めるかと問われて「結構ですよ」と言ったから大騒ぎ。

高市氏といえば昨年もこんな騒動があった。

『高市大臣の「8割大陸」発言、曖昧決着は許されない』（ニューズウィーク2022年10月17日、藤崎剛人）

《「国葬反対のSNS発信の8割が隣の大陸からだった」とツイートし、高市氏の講演で聞いたと述べた三重県議は発言を撤回、当の高市氏も曖昧な否定で収めようとしているようだが、その真

意はフェイクニュースによる世論操作だったかもしれず見逃せない》

これも「言った言わない」で揉めていた。もしかして高市氏は適当に名前を使われやすいキャラなのだろうか。それならご自分の名誉のためにも積極的にいろいろ検証したほうがよいのでは。

今回はそれ以外にも注目点がたくさんある。たとえば「なぜ今、8年前の文書が出たのか？」。この点に関する〝見立て〟の数々が興味深いのだ。まず最初は〝高市潰し〟説。

「夕刊フジ」は〝高市潰し〟の可能性の一つに奈良県知事選をあげていた（3月8日付）。実は高市氏は現在地元でも揺れているのだ。

《自民は5選目を目指す現職と高市氏の総務省時代の秘書官を務めた新人候補が分裂しており、共倒れが危惧されている。》（産経新聞3月8日）

このあたりのことをベテラン記者に聞いてみると「奈良県知事選は高市氏の仕切りの悪さで自民分裂選挙になり、日本維新の会が漁夫の利を得そうな勢いなのです。高市氏が推す候補は、現在問題になっている文書（総務相時）のときの秘書官。なので〝高市制裁〟のために自民党内部から文書流出を推したという説もあるくらい」。

官僚たちの怒りがくすぶっている

また、ベテラン記者によると「いま霞が関では『安倍晋三回顧録』（中央公論新社）に対する官僚たちの怒りがくすぶっている」という。

え、ベストセラーとなっているあの回顧録に？

そういえば安倍氏は森友学園の国有地売却問題について《私は密《ひそ》かに疑っているのですが、森友学園の国有地売却問題は、私の足を掬《すく》うための財務省の策略の可能性がゼロではない。》と語っていることが発売前から報道され、話題になっていた。

「首相まで務めた人が陰謀論的なことを言っているわけです。このほかにも官僚を蔑ろにした表現が多い。回顧録を読んだ官僚たちには『自分達はちゃんと仕事をしていたんだという意地』もあるでしょう」（前出のベテラン記者）

回顧録の内容についてこんな分析もある。

『御厨貴さんと読む「安倍晋三回顧録」官僚不信、浮き彫りに』（毎日新聞・東京夕刊、3月6日）

《実は回顧録で盛大に官僚批判を展開している。「官僚に対する不信感。しかも特定の官庁に対する不信感が正直に出ている。》

回顧録での登場回数を数えると「外務省」は40回近く、「厚労省」は30回以上、「内閣法制局」は10回以上、「財務省」は70回以上出てくるという。

政治学者の御厨貴氏は「回顧録は、次第に疑心暗鬼になり、至るところに財務省の陰謀を見るようになる経緯を浮き彫りにしています」と語っている。

そもそも回顧録とはどのようなタイミングで出るものなのか。御厨氏は「政治家の回顧録はその影響の大きさや関係者への配慮から時間を置いて公表されることが多い。退任後2年余での出版は異例だ」と言っている。ベテラン記者も「安倍氏のは回顧録というより仲間内での思い出話のようなもの。本来なら時間をかけて証言を多角的に載せるのが回顧録」と述べる。

ゴキゲンな「回顧録」に対抗するかのように出てきたリアルな「行政文書」。流出させたのは誰なのか——いろんな見立てがあるが、いずれにしてもこの時期に両方の〝読み比べ〟をするのは安倍政権を、歴史を、もう一度考えるうえで面白い試みではないだろうか。

ギョッとした高市氏の答弁

さて、ここまで様々な見立てを紹介してきたが、重要なのは安倍政権のメディアへの圧力はすでに公にあったという事実である。たとえば高市氏は既にこんな答弁をしていた。

・政治的公平についてひとつの番組だけを見て判断する場合があると答弁（２０１５年）

・政治的公平を欠く放送を繰り返せば電波停止を命じる可能性に言及（２０１６年）

権力者（放送事業の担当大臣）がテレビ局の電波停止をちらつかせていたのだ。言わばこの時点で「底が丸見えの沼」をわざわざ見せつけていたのである。今回の文書はその沼でどんな魚が暴れていたのかが見えた。その魚は小物かもしれないが、問題なのはとっくに底が丸見えなほう（本体）である。

たとえば当時の高市氏の一連の発言にはギョッとしたが、もっとギョッとしたのはテレビ局が意外と騒がなかったこと。つまり高市氏の言葉が効いているからか。

《それにしても気になるのは、政府が番組内容を「判断する」という言葉を平然と国会で口にしていることだ。》（朝日新聞のコラム3月8日、田玉恵美）

そう、これこれ。脅しのような言説が国会だけでなく平然と一般に流通しているのが本当に不思議だ。

《政府が番組の中身に口を出し始めると、結局今回のように個々の番組の是非まで政府が判断するという話になり、事実上の検閲に近づいてしまう。》（同前）

高市氏が辞める辞めないという問題もいいけど、こんな当たり前の現実にもっとギョッとしていくべきでは？

2023年
8月8日

松川るいは「まじめな研修」とキッパリ、今井絵理子は……自民党「フランス研修」が問題提起したこと

グイグイきた松川るい

最近考えさせられた話題と言えばこれでしょうか。

『松川るい自民党女性局長ら、フランス「観光」写真にSNSで批判殺到』（産経ニュース7月31日）

自民党の女性局長を務める松川るい参院議員ら同局メンバーがフランス研修中に「観光旅行」にみられかねない写真をSNSに投稿して炎上。エッフェル塔前でポーズを決めたゴキゲンな写真などがあった。「パリは燃えているか」というか「パリで燃えた」のである。

そのあと松川氏は《フランス文化もパリの街も素晴らしかったという感想を持ち、伝えたいと思い投稿した。まじめな研修であったにも関わらず、「税金で楽しそうに大人数で旅行している」と誤解を招いてしまった》とSNSで釈明。

フランスには少子化対策、政治における女性活躍、3歳からの幼児教育の義務教育化などについて研修に行き、費用は「党費と各参加者の自腹」と説明している。

いきなり個人的なことを書くと、松川議員は私が監督を務めたドキュメンタリー映画『劇場版センキョナンデス』（2023年2月公開）で大活躍していた。

この映画は2022年の参院選の現場に密着したものだが、私たちが質問しようと近づくと逃げ回る（ようにしか見えない）候補者もいたのだが、松川氏は自分からグイグイこちらに近寄ってきてずっと主張を述べていた。その様子がなんともおかしみがあったのだ。

こんなシーンもあった。私が大阪選出の松川氏に「カジノはどうお考えですか」と尋ねたところ、

「カジノではありません、IRです！」

とキッパリ。この毅然とした物言いは映画の中でもウケるシーンとなった。そんな松川氏を覚えていたから今回も、

「観光ではありません、研修です！」

という強気の言い換え、いや、説明が懐かしかったのである。やはり現場を見ておくことは大事だ。

今井絵理子の「大きな働き」

今回の「フランス研修」の件はひと言でいえば税金の使われ方問題である。となるとこの人の登場だ。「研修」に参加していた一人、今井絵理子議員である。今井氏は《海外研修に対して、

くれる。

で述べている。

「公金を使って無駄だ」という指摘もありますが、無駄な外遊ではありません。》と自身のSNSで述べている。

待ってました！　私は今井絵理子議員は自民党で、いや、日本の政界で、とても大きな働きをしていると考えている。それは「税金」について。今井議員は体を張っていつも問題提起をしてくれる。

思い出してほしいのは２０１７年。当時、今井氏は神戸市議会議員だった橋本健氏との不倫疑惑が報道された。マスコミは橋本氏に興味を持ったのだろう、その後いろいろ調べたら「政治とカネ」について不審な件が次々に出てきたのである。

『神戸市議　政活費を返還　今井絵理子氏の参院選応援か』（毎日新聞デジタル２０１７年7月27日）

《神戸市議会自民党市議団の橋本健市議（37）が、自民党の今井絵理子参院議員（33）との対談を掲載した市政報告を政務活動費で作成し、今井議員が比例代表で立候補した昨年6月の参院選公示前日に配布していたことが分かった。同市議団は「税金を使って選挙応援をしたと取られかねない」と判断し、27日、印刷費や郵送代など約30万円を返還した。》

さらにこの後、政務活動費を不正に受け取った疑惑が発覚して橋本氏は一気に辞職へ。

『橋本市議　ＳＰＥＥＤ辞職へ』（サンケイスポーツ8月29日）

『疑惑市議　ＳＰＥＥＤ辞任』（日刊スポーツ8月29日）

そして『橋本健・元神戸市議に有罪判決 政活費詐取』（朝日新聞デジタル２０１８年10月30日）となっ

た。

《判決によると、橋本被告は２０１１〜15年、架空の領収書を政活費の収支報告書に添付し、支出総額を水増しする手法で総額６９０万円余りをだまし取った。判決は、被告が詐取金を遊興費などに使ったと指摘。「コンプライアンス意識の低さにあきれざるを得ない。政活費制度や議会、議員への市民の信頼を大きく裏切った」と述べた。》

そもそも橋本市議が注目されたのは元アイドルグループ「ＳＰＥＥＤ」のメンバーだった今井氏との仲が報道されたからだろう。今井絵理子議員は政治とカネについて体を張って考えるきっかけをくれたのだ。すると今回は「フランス研修」での問題提起である。見事としか言えない。

海外視察の成果の「見える化」を

だからこの問題は皆でどんどん議論すればいい。私は政治家の海外研修や視察は必要だと思う。現場に行って学ぶことは大切だ。ただそれが研修に名を借りた「ほぼ観光旅行」だったとしたら？

国会議員で言えば、再任の可能性はないと自覚する大臣の「外遊」は思い出作りだと以前から批判されてきた。今年は早々に首相秘書官だった岸田首相長男の海外観光疑惑が報道され、政府の説明はしどろもどろだった。

逆に言えば、必要な研修なら税金の正しい使い道として堂々と主張すればいい。しかし今回気になるのは「税金ではない」アピールがあることだ。「党費だから税金ではない」というような。

この点について、「党費」というがその原資の可能性として、まず浮かぶのが政策活動費だと指摘するのは東京新聞の記事（8月1日）。

《政策活動費とは政党から議員個人に支出される政治資金で、受け取っても使途を明かさず自由に使える。政治資金規正法に埋め込まれた「抜け穴」と指摘されてきた。》

記事ではこの後に、

「ちゃんとした目的があって視察に行くなら、ここまで目くじらを立てられないが、あの写真や投稿からはとうてい真剣味は感じられない。こういった活動に税金が混じった党費を投入し、後押しする自民党も問われる」

「海外視察をしたら、こんな成果があったとアピールできるぐらいにするべきだ。どういった形で政策に反映したのか『見える化』させていかなければならない」

という識者のコメントが載っている。

税金ではないアピールより、税金のおかげでこんな有意義な研修でしたアピール。そんな投稿を今後は希望します。それにしてもフランス研修は楽しそうだった。

2023年
10月3日

「人権侵犯」認定された自民党・杉田水脈がまた出世「環境部会長代理」に推したのは誰なのか？

「適材適所で進めていると思う」

びっくりした。このニュースを見たからだ。

『杉田水脈氏が自民党環境部会長代理に起用　アイヌ民族投稿めぐる「人権侵犯」認定も』（日刊スポーツ9月29日）

自民党は総務会で杉田水脈衆院議員を党環境部会長代理にすることを決めた。何度読んでもそう書いてある。

杉田議員は2016年、国連の会議に参加したときのことについて、ブログやSNSに「チマチョゴリやアイヌの民族衣装のコスプレおばさんまで登場」「同じ空気を吸っているだけでも気分が悪くなる」などと投稿。先日これらに対して札幌法務局から「人権侵犯」と認定されたばかりだった。国会議員が、だ。

しかし今回、党環境部会の会長代理に起用された。部会長に次ぐ立場で、党の環境政策の議論に影響力を持つことになるという。

なんで人権侵犯認定されたばかりの人が出世しているのだろう？　このニュースが報じられる前は、自民党は杉田水脈氏を次の選挙で公認するのか？　という点が注目されていた。自民党内でも次期衆院選で公認候補とすることが問題視されていたという。しかし茂木敏充幹事長は言及を避けていた。すると杉田氏は環境部会長代理となった。森山裕総務会長は「適材適所で進めていると思う」と述べている。杉田氏は「資質」を認められたことになる。

思い起こすと杉田氏は昨年も総務政務官に抜てきされた。当然ながら過去の差別発言が問われ、岸田文雄首相が年末のどさくさ時に更迭した。しかし今回また……。一体誰が杉田氏を推したのか？　次の記事に答えが書いてあった。

《杉田氏が所属する安倍派幹部の萩生田光一政調会長が選んだ。》（朝日新聞9月30日）

安倍派幹部の萩生田氏が推したとある。

なぜか「出世」できる不思議

それにしても杉田氏は差別をしながらなぜ何度も「出世」できるのか？　杉田氏の経歴をおさらいしよう。8月に出版された『宗教右派とフェミニズム』（ポリタスＴＶ編・山口智美・斉藤正美・青弓社）に経緯が詳しいので要約して抜粋する。

・杉田氏は複数政党を渡り歩きながら右派に支持される政治活動をおこなってきたが、特に「慰安婦」問題の否定が活動の中心になってきた。
・2012年12月に杉田氏は衆議院選で日本維新の会から初当選すると、翌年に維新の議員とともにアメリカのグレンデール市を訪問し、「平和の少女像」の撤去を要求。国会でも少女像について質問し、右派のあいだで注目を浴びた。
・2014年に次世代の党から出馬すると落選。浪人中は「慰安婦」問題をめぐる右派の「歴史戦」活動に積極的に関わった。
・「歴史戦」とは産経新聞が2014年に始めた連載企画のタイトルがもとになり、広く右派の間で使われるようになった言葉。中国や韓国、及び「朝日新聞」をはじめとする日本の左派が日本を貶めるために、「慰安婦」問題や徴用工問題、南京事件など歴史認識問題に関して不当に攻撃を仕掛けていて、それに対抗するために戦わなければならないとする。それを「歴史戦」と称した。
・杉田氏は精力的に「歴史戦」活動を行い、2017年10月に自民党の公認候補として衆院選比例ブロックに出馬し、当選。

こうして今に至るのである。注目すべきは複数の政党を渡り歩きながら2017年に自民党の目に留まり、しかも比例中国ブロックの単独1位で立候補という「厚遇」を手に入れたことだ。この時のプロセスについて2018年の毎日新聞（8月2日）が書いている。

《実はこの経緯について、ジャーナリストの桜井よしこ氏が昨年9月、ネット上の番組の対談で「安倍さんが『杉田さんはすばらしい』と言うので萩生田さん（光一党幹事長代行）が一生懸命にお誘いした」と語った。》

なるほどそういう状況があったのか。安倍氏、桜井氏、そして萩生田氏の名前も出てくる。

ちなみにこの記事が書かれた当時は、杉田氏が『新潮45』への寄稿で性的少数者（LGBTなど）を「生産性がない」と否定した問題の渦中であり、毎日新聞は杉田氏の経歴を検証していたのだ。

時代に逆行する自民党

同時期の2018年7月28日の東京新聞には、杉田氏のような議員は「安倍首相におもねり、首相の思いを代弁すれば報奨があると期待している」「出世を目指す政治家たちにとり、差別発言を自制する理由はない」という識者の見立てが載っていた。

そして昨年7月。安倍氏銃撃事件をきっかけに旧統一教会問題がクローズアップされた。

《しかし、統一教会が2000年代はじめに特に盛んになった、フェミニズムや男女共同参画への反動（バックラッシュ）の動きの中の中心的な団体だったことに触れるメディアはほぼ皆無だった。》（『宗教右派とフェミニズム』）

世の中がバックラッシュに鈍いのをいいことに、杉田氏のような政治家が過激な言説、いや、差別発言すらまき散らして出世していく様子が見えてくる。ある一定の人にウケようという杉田氏の動きがわかる。

やはり問われるのは今後の自民党の対応だ。思い起こしたいのはジャニーズ事務所との契約を見直す企業が相次いでいることだ。

ジャニー喜多川氏の性加害問題を受け、各企業は人権侵害に寛容と思われたらアウトなのでCMやスポンサーから撤退している。

それに比べるとどうだろう。自民党は「人権侵犯」と認められた差別発言の宝庫・杉田氏をむしろ重用している。政党と企業は違うとはいえ逆行している。この差はなんだろう。でも「客」を逃したくないという意味では自民党も企業と同じかもしれない。杉田氏を重用して右派コア層に目配せしているのではないか。安倍氏亡き今、安倍派の萩生田氏が杉田氏を推している理由も見えてくる。

しかし杉田氏を重用することは、自民党は人権侵害や差別に寛容だと宣言しているようにしか見えない。岸田首相は自民党総裁として同意なのだろうか。だとしたらこれをマニフェストに入れて解散総選挙をしてみては？

Ⅴ　2024年夏、都知事選　小池百合子を追いかけて

2018年
11月2日

14年前「自己責任論」に火をつけたのは小池百合子だった あらためて「イラク3邦人人質」記事を読み直す

誰が「自己責任論」を言い始めたのか？

シリアで武装勢力に拘束されていたジャーナリスト、安田純平さんが解放された。するとまたしても自己責任論が噴出した。おかえりなさい、安田さん。おかえりなさい、自己責任論。

「自己責任」という言葉が流行語大賞のトップテン入りしたのは2004年である。イラクで拘束された日本人3人に対して投げかけられたのだ。

特筆すべきは（あのときは）小泉純一郎首相や首相周辺、つまり国のトップたちほど「自己責任」を声高に問うていたことだ。あそこから時代が変わったんじゃないか？　と思うほど。

今回私は、当時の朝日・読売・毎日の紙面をあらためて調べてみた。

『イラクで3邦人誘拐　イスラム過激派か　自衛隊の撤退要求』（朝日新聞2004年4月9日）

緊迫した情勢はこの4月9日から、4月16日の『人質の3人解放』（朝日新聞）まで7日間続いた。では政治家による「自己責任論」はいつから出たのか。新聞をチェックして言葉を拾っていこう。

環境相時代の小池百合子が言ったこと

事件勃発を伝える4月9日にさっそくある政治家のコメントが載っていた。

『危険地域、自己責任も　小池環境相』（読売新聞・夕刊）

現・東京都知事の小池百合子氏である。

《小池環境相は「（三人は）無謀ではないか。一般的に危ないと言われている所にあえて行くのは自分自身の責任の部分が多い」と指摘した。》

とある。

この頃の読売、朝日、毎日を読み直すと、政治家で「自己責任」を言って記事に載っているのは小池発言が最初だ。この11日後の4月20日に朝日新聞は『自己責任とは』という特集記事を書いているが、ここでも時系列の表で一番最初に載っているのが小池氏の発言である。

つまり新聞を見る限り、政治家として最初に被害者の「自己責任」に火をつけたのは小池氏だった可能性が高い。

ほかの政治家はどうか。

読売新聞・夕刊（4月16日）の一面トップは『3邦人　あすにも帰国』とある。しかしそのすぐ横は『閣僚から苦言続々』という記事だった。

「自己責任という言葉はきついかも知れないが、そういうことも考えて行動しないといけない。」（河村建夫文部科学相）

「どうぞご自由に行ってください。しかし万が一の時には自分で責任を負ってくださいということだ」（中川昭一経済産業相）

このほか《「損害賠償を三人に求めるくらいのことがあっていい」との声も》という記載もあった。

毎日新聞の『「身勝手」か「不屈の志か」』（2004年4月17日）も、解放直後の4月16日の政治家の発言をまとめている。

「帰国して、頭を冷やしてよく考えて判断されることだと思います」（福田康夫官房長官）

「自己責任をはっきり打ち出してもらいたい。なぜ（3人の出国のために）チャーター機を出したのか。1人は『イラクに残りたい』と言っている。こういう認識には問題がある」（山東昭子元科学技

術庁長官)

「救出に大変なカネがかかったが、誰も把握していない。7日間徹夜の努力をしており、(額を)国民の前に明らかにすべきだ」(公明党・冬柴鉄三幹事長)

同じ4月16日、井上喜一防災担当相は《家族はまず「迷惑をかけて申し訳なかった」と言うべきで、自衛隊撤退が先に来るのはどうか。》と発言している(朝日新聞2004年4月20日)。

14年前の政治家の言葉が、SNSで復活

こうして読むと救出費用などおカネに言及する声や謝罪を求める声が多いことがわかる。これは今回SNSで言われている「自己責任論」にも通じる。このときの政治家の言葉がそのまま一般に「論」として残っていると考えてよい。もっと言えば国側の目線に立ったような意見が2018年の今、一般にも顕著になったと言える。

一方で野党の政治家の声も載っている。

「将来にわたってイラク(復興)にかかわりたいという気持ちは大事だ。厳しい状況に置かれながら志を曲げないことにむしろ敬意を表したい。その志に対する批判なら、まったくの筋違いだ」(民主党・岡田克也幹事長)

「金銭的負担を被害者に求めるのは一番弱い立場の人に『自己責任』を押しつけるものだ。政府の言うことを聞かない人は法律で規制するというのは、個人の尊厳や自由を定めた憲法の精神と

反する」（社民党・阿部知子政審会長）

こちらの「論」は今の安田さんを擁護する声の元祖と言っていい。

しかしこれらをまとめて吹き飛ばしたのが小泉首相の言葉だった。

4月16日の毎日新聞・夕刊一面は『3人、18日にも帰国』。その脇には『イラク人を嫌いになれない　高遠さん「活動続ける」』という小見出しがある。高遠菜穂子さんはイラクでボランティア活動をしていたのだが、その活動は今後も続けると答えたのである。

するとその言葉を聞いた小泉首相は、

《「いかに善意でもこれだけの目に遭って、これだけ多くの政府の人が救出に努力してくれたのに、なおそういうことを言うのか。自覚を持っていただきたい」と批判した。》

わざわざ首相が強い言葉で非難したのだからインパクトは強かった。人々の記憶に強烈に刻まれたのだ。

当時の社説も振り返ってみよう。読売の社説が厳しかった。

《自己責任の自覚を欠いた、無謀かつ無責任な行動が、政府や関係機関などに、大きな無用の負担をかけている。深刻に反省すべき問題である。》（2004年4月13日）

《政府・与党内には、救出費用の一部の負担を本人に求めるべきだという議論もある。これは検討に値する。独善的なボランティアなどの無謀な行動に対する抑止効果はあるかもしれない。》（2004年4月19日）

……「独善的なボランティアなどの無謀な行動」という言い方にはギョッとする。ハッキリと切って捨てるナベツネ、いや読売社説だった。「政府に迷惑をかけるな」というお叱りである。

14年前、安倍首相は何を言っていたか?

さらに社説だけでなく読売の一面コラム「編集手帳」もこう書いた。

《人質にされた三人は政府の「退避勧告」を無視してイラクに出かけている。悪いのは一にも二にも卑劣な犯罪者だが、世に与えた迷惑の数々を見つめればきっと、三人もひとつ利口になるに違いない。》(２００4年4月16日)

どぎつい。「三人もひとつ利口になるに違いない」って完全に馬鹿呼ばわりである。読んでいるうちに当時のムードが蘇ってきた。そして今のＳＮＳの空気も……。

やはり自己責任論は２００４年が「起点」なのだ。

今につながっているという意味で言うと次の記事が読ませた。

『自己責任問う声次々　政府・与党「費用の公開を」』(朝日新聞・夕刊、２００4年4月16日)

この記事の中で安倍晋三・現首相の声が載っていた。当時は自民党幹事長であり、党の役員連絡会後の言葉である。

《安倍幹事長は「山の遭難では救助費用は遭難者・家族に請求することもあるとの意見もあった」と指摘した。》

やはりと言うべきか、今につながる言説ではないか。

日本の政治家と全く違う、パウエル国務長官が言ったこと

しかしこの記事の読みどころは次だった。ワシントン発の『米国務長官は「誇りにして」』という部分である。抜粋する。

《パウエル米国務長官は15日、一部メディアとのインタビューで、イラクで人質になった市民の自己責任を問う声があることについて「誰も危険を冒さなければ私たちは前進しない」と強調。「より良い目的のため、みずから危険を冒した日本人たちがいたことを私はうれしく思う」と述べた。》

なんと！

パウエル氏の言葉は続く。

《「日本では、人質になった人は自分の行動に責任を持つべきだと言う人がいるが」と聞かれたパウエル長官は、これに反論して「彼らや、危険を承知でイラクに派遣された兵士がいることを、日本の人々は誇りに思うべきだ」と語った。》

パウエル氏の言葉は4日後の記事でも補完されている。

《私たちは「あなたは危険を冒した、あなたのせいだ」とは言えない。彼らを安全に取り戻すためにできる、あらゆることをする義務がある》（朝日新聞2004年4月20日）

イラク戦争を起こしたのは誰なんだよと思いつつも、パウエル氏の言葉は日本の首相や閣僚の言葉とまったく違うことがわかる。

14年経って、新聞はどう変わったか？

これまで自己責任論は2004年が「起点」であると書いた。だが、今回の安田純平さんに対する言説はSNSでは百花繚乱だったが、新聞の論調は冷静だったように思う。

例えばこの記事。

『「自己責任」独り歩き懸念　ネットで安田さんへ批判次々　経済用語使い方すり替え』（毎日新聞10月28日）

読んでみよう。

《「〈自己責任〉とは何か」の著書がある桜井哲夫・東京経済大名誉教授（社会学）によると、1980年代後半のバブル経済時代の規制緩和の中で、リスクのある金融商品に投資する消費者に対し「自己責任が求められる」といった使われ方をした言葉だという。》

《「日本で『自己責任』というと、約束とは関係なく一方的に弱者が責任を負わされたり、怒られたりするようになった」と指摘する。／その上で「経済用語にとどまっていたものが、04年の人質事件で社会的・政治的な言葉へとすり替えられ、政治家らの論理で弱い立場の人を批判することに使われた。14年たった今の社会はさらに疲弊し、弱者をたたく傾向が強まっている。ソーシ

ヤルメディアで簡単に発信できることが拍車をかけているように思われる」と懸念する。》
なるほど、「2004年の自己責任論」も対象とした冷静な分析だ。
さらに今回、産経新聞は社説で次のように書いた。
『【主張】安田さん解放 テロに屈してはならない』（産経新聞　10月25日）
《危険を承知で現地に足を踏み入れたのだから自己責任であるとし、救出の必要性に疑問をはさむのは誤りである。理由の如何《いかん》を問わず、国は自国民の安全や保護に責任を持つ。》
保守派の産経ですらこう書いた。ちなみに今回読売は社説で安田さんや自己責任論については取り上げていない。今につながる自己責任論は2004年が起点だが、それはSNSがあるから目立つだけなのかもしれない。
ちなみに私は、安田さんにもし「自己責任」があるなら、この3年間に見た現地の状況や体験を余すところなく報告する責任だと考える。それは私たちの利益になるからだ。
2004年と2018年の読み比べをしたら、新聞は自己責任論から「自己責任論はなぜ起きるのか」にシフトしていた。
以上、今回は14年の流れを確認してみました。

2024年
4月23日

小池百合子の「学歴詐称疑惑」がまた再燃　街頭演説で見せた驚きの「ヤジ対応」とは？

テレビ・新聞が報じない理由

五輪の聖火は4年に一度灯るが、小池百合子氏の学歴詐称疑惑もそれに似た周期で燃え上がる。卒業論文のテーマにもなりそうな現象である。しかし今回も深刻だ。よりによって元側近が告発したからだ。

『「私は学歴詐称工作に加担してしまった」小池百合子都知事　元側近の爆弾告発　小島敏郎』（文藝春秋2024年5月号）

小池氏の大学卒業を認めるカイロ大学長名の2020年の声明文を巡り、知事の元側近の小島敏郎氏が、声明文は知事側で作成した可能性があると告発。小島氏は知事から相談を受け「カイロ大学から、声明文を出してもらえばいいのではないですか」と対策を提案したという（※詳しい内容は「文藝春秋」、または「文春オンライン」の記事で読んでください）。

大変なものを読んでしまった、大騒ぎになると私は感じたが、テレビや新聞ではほぼ報じられなかった。これはなぜなのか。すると次の記事を見つけた。

『元側近の「爆弾告発」 主要メディア黙殺のナゼ』（日刊ゲンダイ4月16日付）

この中で「民放の報道番組スタッフ」がコメントしている。

「小島氏の手記を一読した時は『小池知事はここまでやるのか』と驚きました。しかし誰が文案を作成したにせよ、知事の卒業を今もエジプト大使館とカイロ大が認めている以上、疑義を挟む小島氏の告発に乗るわけにはいかない。告発には卒業を覆す決定的証拠の提示もなく、慎重に扱わざるを得ないのです」

なるほど、今回はあの声明文作成の「プロセス」が明かされたから読者は驚愕したのだが、エジプト大使館とカイロ大学が認めているという「結果」は変わっていない。小池氏にとっては心強い「結果」だ。

それならもっと気になることがある。もし小島氏の告発どおりなら「小池知事が誰に『借り』を作ったか？」は政策にも影響していないだろうかという点だ。これは税金を納めている東京都民には直接関わってくる案件である。

誰に借りを作ったか？

たとえば「週刊文春」（4月25日号）には「疑惑のカイロ大声明」によって再選を果たした小池氏は「二期目に入るやエジプト関連予算を一気に増額させている」と振り返っている。このバラマキにはどんな意味があるのか。都民としては考えてしまう。
さらに小島氏の告発に戻すと、4年前の学歴詐称問題における都議会対策で、
《自民党の二階さんや都連には大きな借りができた。その結果、自民党寄りに変節していったのでしょう。》
と述べている。火消しを自民重鎮らに頼ることで「借り」をつくったことが政治にも影響していることになる。さらに、自分の秘密を守るために権力を保ち続ける必要も出てきた可能性もある。
《それゆえ、小池さんは、都議会多数派と足並みをそろえ、都庁官僚の支持を得て、権力を持ち続けること自体が最優先になっています。》
そういえば先日「7億円の都庁プロジェクションマッピング」は税金の無駄遣いではないかとSNSなどで批判されたが、あれも都庁官僚の言うままと考えればなるほどと思えてくる。
まだある。小池氏は少子化対策として2023年1月4日の年始挨拶で突然「子ども手当をひとり一律5000円支給する」と宣言したが、あれは、
《その日の午後に岸田文雄総理が行うスピーチで「異次元の少子化対策」について語るとの情報を摑んだからです。「総理よりも目立ちたい」という欲望から、何の熟慮もなく、思いつきで言ったのです。》
こう考えると小池氏は自身の権力を保つために動き、ウケると感じれば思いつきで政策に取り

入れている姿が見えてくる（皮肉なことに声明文を作成したという過程にそっくりである）。野心家の政治家を見物するには興味深い話だが、しかし税金の使われ方という点を考えると大きな問題ではないか？

さて、そんな混沌とした状況の小池百合子氏を私は見に行くことにした。先週火曜の午前11時。亀戸駅前に向かった。衆院東京15区補選の告示日だ。出馬する乙武洋匡氏陣営の第一声の場に小池氏も応援で登場するという。

どんな聴衆がいて、どんな雰囲気なのか？

街頭演説に行ってみた！

すると、やはりというべきか小池氏が登場すると（いやその前から）聴衆からはヤジが飛んでいた。『ヤジと民主主義　劇場拡大版』という映画もあるように聴衆のヤジも現場によってはあるだろう。小池氏の「混沌と騒然」を確かに見られたのである。

しかし予想外のこともあった。聴衆だけではなく、なんと候補者からもヤジ、いや、罵声が飛んだのである。

どういうことか？

他の陣営が乙武氏陣営の街宣カーのすぐ隣につけていたのだ。そして拡声器を使って「演説」していた。しまいには乙武氏や小池氏の目の前までいったり、電話ボックスにのぼって「演説」

していた。かなりの大音量なので乙武氏や小池氏の演説がよく聞こえない。

今まで街頭演説の場はマナーというか「そういうことはしないよね」という前提で成り立っていたのが、そうではなくなっていた。私は選挙カーが別の陣営とすれ違うときに「○○候補のご健闘をお祈りします」とエールを送ることが「わざとらしいけど大切」だと思っていたが、そういうマナーが無視されてしまったら……。この日の乙武氏陣営は次の街宣スケジュールを公表していなかった。せっかくの街頭演説なのに。

私は一緒にこの光景を見ていたラッパーのダースレイダーと「今後の選挙現場に影響を及ぼさないか？　民主主義にとって深刻な課題になるかもしれない」と語り合った。一方でこの日の凄まじい光景はテレビではあまり報道されないだろう。なので現場に来て良かったと思った。選挙戦を語るうえで大事なテーマに気づけたからだ（このコラムもそう）。

小池氏の対応は……

さて、そうしたなか小池氏を見ていたら凄かったのだ。他陣営の「演説」には目もくれず、何事もないように笑顔で悠然と手を振っていた。平然と演説していた。さらに演説の終盤には中東情勢の解説をし始めたのだ！　ふわっとした解説に思えたが「カイロ大卒」をアピールしているように思えた。本当にいいものを見た。やはり現場に来て良かった。あえてこういう表現をさせてもらうと、小池百合子はとんでもないタマだと痛感した。

今回の告発や今後の政治活動など小池氏をめぐる「騒然」はどうなるのか？　演説現場のように何事もないように笑顔で悠然といくのか。注目せざるを得ないのである。

2024年
5月21日

「つばさの党の選挙妨害」と「札幌のヤジ排除」の本質的な違いをヤジ問題のエキスパートに聞いてみた

『つばさの党幹部3人逮捕　警視庁　衆院補選　演説妨害容疑』（読売新聞5月18日）というニュース。

記事によると、党幹部3人は補選告示日の4月16日、江東区内のJR亀戸駅ロータリーで、無所属の乙武洋匡氏と小池百合子都知事らが街頭演説中、拡声機を使って大声を張り上げたり、車のクラクションを鳴らしたりして、聴衆が候補者の演説を聴くのを困難にし、選挙の自由を妨害した疑い。

街頭演説の現場で感じたこと

私はその現場にいた。選挙の現場を見ることが好きだからだ。

街頭演説はいろいろな候補者の考えを聞けるだけでなく、チャンスがあれば候補者に話しかけて質問もできる。同じ質問をすることで候補者の考えの違いや、答え方で人柄も知れたりする。とても自由な雰囲気がいい。さらにこのときの小池都知事は「文藝春秋」（5月号）で元側近から学歴詐称疑惑を報じられたばかりだった。小池氏が応援演説で聴衆の前でどう振る舞い、聴衆はどう反応するのか？　ぜひ確認したかったのだ。

しかし、つばさの党がそのすぐ横や目の前で大音量で罵倒していた。自分達も立候補しているので「演説」と主張しているのだろうが、こうした行為のために多くの陣営は街頭演説の日程を公表しなくなった。いろんな候補を見にいくことは難しくなり、つまりは民主主義の危機だと深刻に感じた。

一方で選挙戦最終日の街頭演説に行くと警察官がたくさんいた。とても静かだったが威圧感があって私語さえはばかられる雰囲気。これも民主主義の現場とは思えなかったのだ。

気になった「動き」

これら両極端な風景を見た上で気になったのは、まず政治家や候補者側からの「法改正で規制強化を！」という動きについてだ。次に、X（旧ツイッター）では、2019年の参院選期間中に演説中の安倍晋三首相（当時）にヤジを飛ばした男女が北海道警に排除された事案を引き合いに出す投稿が多数みられたこと。

投稿の内容は、

《表現の自由を侵害されたとして、男女が道に損害賠償を求めたことが報道されるなどしたことで、選挙妨害を取り締まる側の警察を萎縮させてしまったといった内容だ。》（毎日新聞4月28日）

こうした論法については「ヤジは表現行為であり、表現の自由による手厚い保障が求められる。だが、一般人のヤジと公人でもある候補者の行為を同列に扱うことは不適切」（同前）と専門家は指摘するが、同列に扱う声は今も多い。

新聞の社説でも見解は分かれる。対照的な社説を紹介しよう。

北海道新聞は、

《街頭で声を発するヤジは、有権者の政治的な意思表示の一環だ。候補者が他の候補者の演説を封じるような妨害行為とは明らかに違い、同列に扱うべきではない。》（5月16日）

北國新聞は、

《2019年の参院選で、当時の安倍晋三首相の街頭演説中、「安倍やめろ」「帰れ」と大声でやじを飛ばした人物を北海道警が移動させたことがある。移動させられた男女2人は北海道に賠償を求めて訴訟を起こし、あろうことか高裁で「表現の自由の侵害」が認められた。

一部のメディアはこの民事訴訟をめぐり、「ヤジも意思表示のひとつ」などとして警察批判に終始した。つばさの党のケースと何が違うのか。》（5月16日）

北國新聞は札幌のヤジの件と今回のつばさの党の件は同じと断定していた。

これらの「見解」を、ヤジ問題を取材してきたエキスパートはどう思っているのか？　札幌のヤジについては北海道放送報道部の取材班が追い続け、ニュース報道からドキュメンタリー番組にいたるまで発信し続け、『ヤジと民主主義　劇場拡大版』という映画になっている。

識者の見解と警察の主張

さっそく監督の山崎裕侍氏に聞いてみた。札幌でのヤジと今回のつばさの党って同じなのですか？

《大きく違います。札幌でヤジを飛ばしたのは一般市民。つばさの党は政治団体。ヤジの相手は、札幌は現職の首相、つばさの党は対立候補。ヤジの方法も、札幌は「アベやめろ」「増税反対」などを地声で十数秒叫んだだけ。訴訟にはなっていないが、無言でプラカードを掲げた女性も警察に排除された。つばさの党は拡声機を使ったり車で追い回したり、候補の自宅に押し掛けたりするなど実力行使をしている。札幌では演説が中止されることはなく、東京では他候補は演説の変更・中止を余儀なくされました。》

札幌のヤジとつばさの党を一緒にする言説にはどんな共通点があるか。山崎監督は以下のように論調を整理できると言う。

（1）2019年に札幌で起きたヤジは選挙妨害である

（2）札幌地裁の判決で原告が勝訴したので、警察は選挙妨害の取り締まりに慎重になった

（3）警察がきちんと取り締まれるように公職選挙法を改正すべき

そのうえで（1）について。

《札幌で起きたヤジ排除問題では、ヤジが選挙妨害として議論になったことも、警察が主張した

とも、裁判で争点になったこともありません。》

警察も「ヤジ＝選挙妨害」とは主張していなかったのですね。

《北海道警察が議会や裁判で主張したのは、市民がヤジを飛ばしたことで周囲とトラブルになり、それによって犯罪が起きるのを防ぐために、あるいは周囲の暴力から避難させるために行ったというもの（警察官職務執行法）。札幌地裁の判決では、警察の主張が退けられ、排除行為は表現の自由を奪い、違法だとしています。》

次に（2）について。札幌の裁判の結果、警察は選挙妨害の取り締まりに慎重になった？

《警察は、そもそも選挙妨害を主張していないため、裁判で負けても選挙妨害の取り締まりに何の影響も及ぼさないと考えるのが普通です。（編集部注：安倍元首相の）奈良での銃撃事件の警備については、警察庁が報告書をまとめ、「適切な警護計画により本件結果を阻止することができた可能性」があると結論付けている。奈良の事件では「やるべきことをやっていない」、札幌のヤジ排除は「やってはいけないことをやった」といえます。》

（3）について。公職選挙法は改正すべき？

《過去の判例でも、選挙の自由妨害について具体的な事例が挙げられています。「聴衆がこれを聴き取ることを不可能又は困難ならしめるような所為」（最高裁昭和23年12月24日判決）、「選挙演説に際しその演説の遂行に支障を来さない程度に多少の弥次を飛ばし質問をなす等は許容せられるべきところである」（大阪高裁昭和29年11月29日）。つばさの党に対する家宅捜索や逮捕などの強制捜査は、

現在の公職選挙法でも対応可能だということを証明しています。》
さらに山崎監督は続ける。
《法改正して選挙期間中でも逮捕できるように適用範囲を具体化するのは危険です。必ず恣意的に運用される。選挙妨害を理由に市民が意見表明する機会すら奪われかねない。２０１９年の札幌で起きたヤジ排除とつばさの党を一緒に論じることは間違いであるだけでなく、その先に法改正につなげる意図があるなら危険ですらある。》

見え隠れする「思想」

では札幌のヤジとつばさの党は同じと書いた北國新聞の社説については？
《事実誤認に基づいた主張です。それだけでなく、「あろうことか高裁で『表現の自由の侵害』が認められた」と書いている。この言葉の背後には、時の政権に対して一般市民がヤジなどで批判することを許さないという思想が見え隠れします。》
これまで取材してきた山崎監督は今回あらためてどう感じましたか。
《「またか…」というのが正直な感想です。要人を狙った事件や表現の自由が問われる事態が起きるたびに引き合いに出される。しかも、自分たちの主張を補強するために事実を捻じ曲げるだけでなく、声を上げた市民を攻撃する材料に使われる。公共の場での政治への意見表明を「ヤジ」という単語でしか説明できない政治文化の貧困が根本にあるのだと思う。日本には本当に表現の

自由はあるのか。本当に民主主義国家なのだろうか、と感じます。》

いかがだろうか。論調の違いは新聞の醍醐味であり読者が考えるきっかけになる。違いはあっていい。しかし「事実誤認に基づいた主張」は参考にならない。

まず聴衆の「声」と候補者の「妨害」をごちゃ混ぜにせず、仕分けして議論していくのが最初の一歩ではないだろうか。

2024年
6月4日

「都議会のドン」を猛批判していた「百合子の乱」から8年 小池都政の〝不都合な事実〟とは？

小池劇場を忘れちゃったの？

先週は東京新聞のスクープから1週間が始まった。

『蓮舫氏　都知事選出馬へ　きょうにも会見、表明』（5月27日）

蓮舫氏の会見後、「政治ジャーナリスト」の田崎史郎氏は午後のワイドショー「情報ライブ　ミヤネ屋」で次のように述べた。

「これから蓮舫さんは、政策発表をして、夢を語るようになるんでしょうけども、蓮舫さんの魅力は、きょうの会見でもよく表れているんですが、攻撃性なんですね。攻撃性に対して、東京都民がどう判断するか。ちょっと引いちゃう人もいるかもしれないですね」

これは読売テレビ特別解説委員の高岡達之氏による「批判票だけで、蓮舫さんは勝ち目があるんでしょうか？」との質問に対する答えだ。

蓮舫氏の「攻撃性」とは、会見で述べた「裏金事件、『政治とカネ』の自民党政治の延命に手を貸す小池都政をリセットする」という言葉を指す。つまり田崎氏らの言葉には「都知事選なのに自民党の批判ばかりでいいのか？」という意味も含まれている。

別の番組ではタレントの真鍋かをり氏が『蓮舫氏による都知事選での自民党批判に「ウンザリ」発言連発』（中日スポーツ6月2日）。

これらのコメンテーターの言葉を聞き、人間とは忘れやすい生き物だと自戒を込めて思った。なぜなら8年前、小池百合子氏が都知事選出馬の際に掲げたのはズバリ「反自民」であり自民党への「攻撃性」そのものだったからだ。

しかも小池氏が奇妙だったのは自民党員でありながら自民を攻撃していたことだ。メディアは「小池劇場」と興奮していた。コメンテーターの皆さん忘れちゃったの？

おさらいしよう。２０１６年の都知事選で自民党東京都連は候補者の選定で混迷していた。最初に名前が出たのはこの人だった。

『桜井パパやはり固辞』『知名度は息子のもの』（日刊スポーツ２０１６年7月1日）

自民はタレント・櫻井翔氏の父で前総務事務次官の桜井俊氏を担ごうとしていた。桜井氏によると自民党の出馬要請は6月29日にあったという。実は同じ日に小池氏は立候補の意向を表明していた。小池氏〝奇襲〟のプレッシャーもあってか、桜井氏は自民からの要請を固辞。そのあと自民党都連は元総務相で前岩手県知事の増田寛也氏を軸に調整する方針を固めた。

『小池降ろし　自民都連　増田氏に出馬要請へ』（スポーツニッポン２０１６年7月2日）では、〝百合子の乱〟の収束へ、カードを早めに切る形となったと伝える。

つまり小池氏は都知事選に出馬する気満々だったが自民党都連は他の候補を出そうとしていた。公認が欲しい小池氏は都連会長だった石原伸晃氏に仕掛け、世の中にも訴えるという構図。

「都議会のドン」と「ブラックボックス」を猛批判

伸晃氏は、小池氏が都連の意思決定過程について「ブラックボックスだ」と批判した点について「会合に出て来なければ、白か黒かも分からない」「小池さんは、だいたい今まで都政に興味なんて持っていなかった。無関心で何も知らない」と反撃した。

しかし時すでに遅し。小池氏は無所属で出馬。自民党都連幹事長の内田茂氏を「都議会のドン」と呼び、政治手法をブラックボックスと名付けて喝采を浴び圧勝した。自民党への攻撃、批判を掲げて都知事選を戦ったのは小池百合子その人だったのである。田崎史郎さん、忘れちゃったの？

では8年前、なぜ小池氏は突如として都知事選に興味を示したのか？　これには当時の小池氏が第2次安倍政権でカヤの外だったことを指摘する声が多い。小池氏が都知事選に当選した3日後の記事ではこう書かれている。

《安倍が小池への不信感を持つようになったきっかけの一つが、2012年の総裁選で小池が地方創生相の石破茂（59）を応援したことだとされている。さらに、07年の第1次安倍政権下で女性初の防衛相を務めた小池が、内閣改造で自身の再任を固辞し、安倍の意に逆らって退任を突然表明したことも一因とみられる。》（日本経済新聞２０１６年8月3日）

小池氏は安倍政権を第1次の時点で見限ったが、想定外の第2次安倍政権が誕生した。長期政権となりそうなこの時期に小池氏は居場所が無かった。再びスポットライトを浴びるべく矛先を変え、小池氏は都知事選に出馬したという見立てが多いのだ。

自民党への〝大きな借り〟

人間にはさまざまな野心があろう。だから都知事になる過程や思惑も人それぞれあっていい。問題は都知事になってからの政治だ。ここで小池氏が都知事に就任して1年後の各紙記事を見てみよう。

『顧問重用「密室政治」と批判も』（朝日新聞２０１７年8月2日）

小池氏は自ら選んだブレーン14人を「都顧問」としているが、都幹部らが知らないうちに決まる重要政策もあると報じる。

《都によると、小池氏と顧問の日常的な協議内容は記録されない。ある都幹部は指摘する。「知事と顧問の議論は後で検証できない。都議選で知事は自民党都連について『（物事の決め方が）ブラックボックス』と批判したが、自分も同じことをやっている」》

同じ日の読売新聞も『小池都政　顧問が動かす』と大きな見出しで伝えた。都政をブラックボックスと叫んで当選した小池氏は、１年後には自分も同じことを指摘されていたのだ。

小池都政のブラックボックス。知事の元側近の小島敏郎氏は学歴詐称工作に加担したことを「文藝春秋」（２０２４年５月号）で告白したが、４年前の学歴詐称問題における都議会対策で、《自民党の二階さんや都連には大きな借りができた。その結果、自民党寄りに変節していったのでしょう。》

と述べている。小池氏は自分の〝秘密〟を守り続けるために権力を保ち続けなければならない？

《それゆえ、小池さんは、都議会多数派と足並みをそろえ、都庁官僚の支持を得て、権力を持ち続けること自体が最優先になっています。》（小島氏）

いつの間にか自民と手を組んだ小池都政。政策決定の過程も不透明。これは都民の税金の使われ方の話でもある。その小池氏が３期目にも出馬濃厚というのだから、検証を求める候補者が一人でも多く都知事選に出るのは当然であり健全に思える。チャンピオンは堂々と論戦を受け、チャレンジャー達は攻めればいい。都民のジャッジの材料（論戦）は多いほどいいではないか。選挙とはそういうものだ。それとも都政の過程が明らかになると困る人がたくさんいるの？

2024年
6月11日

記者会見ではしどろもどろに――
関東大震災「朝鮮人虐殺」をめぐる小池都政の〝負の遺産〟

明治神宮外苑の再開発は「認識の差」

今度の都知事選、現職の小池百合子氏が出馬するなら3期目を狙う立場になる。ではこれまでの小池都政のレガシーとは何だろう？　本人は6月7日の会見で、《2期目のレガシー（遺産）は何かと問われ、18歳以下の都民に月5000円を給付する事業「018サポート」や高校授業料の実質無償化について所得制限を設けなかったことを挙げ、「これらの所得制限を外すことは私のレガシーの一つだ」と述べた。》（毎日新聞6月8日）

一方で、明治神宮外苑の再開発が「負の遺産」ではないかという質問に対しては「認識の差だと思う」と答えた。これらの質問は「報道特集」（TBS系）の日下部正樹キャスターが質問したものだ（8日の放送で流していた）。質問はまだあった。小池知事が関東大震災の朝鮮人犠牲者追悼式典に、なぜ追悼文を送らないのか？　である。追悼文は就任翌年の2017年から7年連続で送っていない。

私はこれぞ「負の遺産」ではないかとずっと感じていたので先日、小池氏周辺の人に尋ねた。4月の衆院補選・東京15区に乙武洋匡氏が無所属で出馬したが、乙武氏は小池氏と事実上のタッグを組んでいた。なので街頭演説を終えた乙武氏に「追悼文を送らない小池氏をどう思うか。乙武さんも賛同しているのですか」と質問したところ、乙武氏は「すべて考えが一緒であることはない」というような返答だった。

なぜ小池氏は追悼文を送らないのだろう？

2017年に何があった？

理由について「毎年（都慰霊協会が営む）大法要において、都知事として犠牲となった全ての方々への哀悼の意を表している」と小池氏は昨年述べている（時事通信2023年9月1日）。しかしこれは話のすり替えだ。朝鮮人犠牲者は地震で亡くなったわけではない。デマによって起きた虐殺で亡くなったのだ。小池都知事は歴史の事実に向き合おうとしていない。

では追悼文を送付しなくなった2017年に何があったのか？

当時の記事を調べてみると、3月の都議会でこんなやり取りがあった。

《小池氏は3月、都議会で自民党都議が虐殺の犠牲者数について、主催団体が案内文でも触れている「6千余名」とする説を根拠が希薄などとして問題視し、追悼文送付を見直す必要性を指摘したのに対し、「毎年慣例的に送付してきた。今後については私自身がよく目を通した上で適切に

判断する」と答弁して見直しを示唆した。》（朝日新聞デジタル2017年8月24日）

つまり、追悼文取りやめは自民党都議の質問がきっかけだった可能性が高い。東京都議会のHPで当時の記録を調べてみるとそれは3月2日だった。

『朝鮮人犠牲者追悼碑の改善を　戦没者を追悼し靖国神社参拝を』古賀俊昭（自民党）

自民都議・古賀俊昭氏の質問で注目したのは次の言葉だ。

《私は、小池知事にぜひ目を通してほしい本があります。ノンフィクション作家の工藤美代子さんの『関東大震災「朝鮮人虐殺」の真実』であります。》

古賀都議の主張は

「工藤美代子」という名前が出ている。『トリック――「朝鮮人虐殺」をなかったことにしたい人たち』（加藤直樹）という本では、工藤美代子・加藤康男夫妻が著した朝鮮人虐殺を否定する本を取り上げ、どのように間違っているかを検証している。仕掛けられた〝トリック〟の数々を明らかにしているのだ。ネット上で広まる「虐殺はなかった」論は工藤美代子氏らの言説の鵜呑みが多いのだ。古賀都議はその本を小池氏に紹介していた。

古賀都議は質問の中で、朝鮮人追悼碑に犠牲者の数として「6000人」という数字が刻まれていることを「事実に反する一方的な政治的主張」で「むしろ日本及び日本人に対する主権及び人権侵害が生じる可能性があり、今日的に表現すれば、ヘイトスピーチであって、到底容認できるものではありません」と述べていた。
『トリック〜』ではこれについて、
《約６０００人という数字は、震災後に朝鮮人留学生たちが監視の目をかいくぐって現地調査した結果を、上海の独立運動機関紙がまとめ、発表した数字に基づく。近年、研究の進展によって必ずしも実態を正確に捉えた数字ではないとされるようになり、最近は「数千人」という幅のある記述がなされることが多い（略）ただし、追悼碑が建立された１９７３年時点では、政治的立場を問わず「６０００人」と記述するのが普通だったので、これが「政治的主張」だという古賀氏の主張は当たらない。》
と指摘している。さらに古賀都議は工藤美代子氏の本に依拠して、何の罪もない朝鮮人が殺されたという歴史認識自体を否定していたことにも言及している。要するに「６０００人」という人数は不確かだ、というのは質問の柱ではなかったのだ。都議会の記録を読むと追悼碑について「撤去を含む改善策を講ずるべきと考えますが、知事の所見を伺います」と「撤去」も提案して質問を終わらせていた。
いかがだろうか。２０１７年3月の都議会ではこうした問答があったのだ。そもそも「朝鮮人虐殺はなかった」という学説は存在しない。しかし小池都知事は「いろんな史実として書かれているものがございます。どれがどういうのかというのは、まさしく歴史家がひも解くものではないだろうかと」と言い続けるようになる。事実とデマを並べて「いろいろな史実がある」と。

都知事には説明責任がある

繰り返すがこの経緯は、虐殺はなかったと主張するトンデモ本を自民党都議が小池氏に「紹介」し、小池氏が「私自身が適切に判断する」と答弁したことから始まっている。そして半年後に追悼文を取りやめた。どう考えても都知事には説明責任がある。

ちなみに冒頭に記した7日の会見で「報道特集」のキャスターが「追悼文を出さないということは、小池さんは語り継ぐことの重要性をあまり感じていないということか」と質問すると、「東京大空襲など、被災された方々の重要な証言などを受け継いでいる作業も今も行っております」と小池氏は完全に話をずらした。「(朝鮮人)虐殺についてはどうなんですか」とさらに問われると、「この東京で亡くなった様々な災害において空襲も含めてでございますし、そういった方々の霊を安らかにということで…え…この…慰霊の…行事を毎年重ねております」

後半はしどろもどろ。はっきり説明できないことを7年間も続けている。小池氏も朝鮮人虐殺をなかったことにしたい人なのか？　歴史から目を背ける都知事でよいのか。もし小池氏が都知事選に出馬したら私も街頭で直接質問してみたいと思う。他の候補者にも追悼文への対応について聞いてみたい。これも都知事選の重要な論点では？

2024年6月18日

小池百合子の記者会見で「事件」が発生 いよいよ東京都知事選、メディアはどう伝えるべきか?

記者も「見られている」

都知事選が今週から始まる。「メディアがどう伝えるか?」にも注目だ。

政治記者といえばこれまではどんな「文化」だったのか? 毎日新聞の記者たちが書いた『汚れた桜「桜を見る会」疑惑に迫った49日』(毎日新聞出版・2020年)を抜粋する。

《記者会見などのオープンな場での取材よりも、水面下で入手する独自情報を重視する政治記者の文化だ。》

なるほど、わかりやすく言えば〝田崎史郎的な文化〟である。

《オフレコ重視の文化がずっと続いてきたのは確かであり、その積み重ねが記者会見の軽視を生み、そして形骸化を生んでいる側面があることは否めない。》

しかし時代は変わりつつある。

《SNSを通じて読者の反応がリアルタイムで返ってくるため、記者も「見られている」意識を

より強く持つようになっているのだ。》
そう、記者も見られている。やはり記者会見は重要だ。記憶に新しいところでは、昨年行われた旧ジャニーズ事務所の会見も「？」と思う記者やレポーターの質問はＳＮＳでツッコまれていた。ツッコミにも各々の見解の違いはあろうが、メディアが何をやっているか可視化されるのは健全ではないだろうか。

助け舟のような質問

それでいうと先週話題になった取材風景があった。
『小池知事、学歴詐称疑惑の質問を軽くあしらい『勝負服』の話題に「逃げた！」「忖度メディアも酷すぎ」Ｘでは批判の声【都知事選】』（中日スポーツ６月12日）
「事件」は都議会閉会後の囲み会見でおきた。都知事選に３選出馬を表明した小池百合子都知事に対して、
《フリーランスの記者から「昨日、朝堂院大覚さんが…」と質問が飛んだ。小池知事はキョロキョロと周囲に視線を送った後に「すいません、ありがとうございます」と軽くあしらい、別の記者が「いつも勝負服のカラーで緑色の服を着られますけれども…」と違う質問をかぶせると、そちらには「メリハリつけた、そのような対応をしていきたいと思っております」と笑顔で答え、会見は終了となった。》

朝堂院大覚氏とは、小池氏の父と親しかった実業家である。朝堂院氏は6月11日に会見を開き、小池氏のカイロ大学卒業という学歴について「2年の期末試験を受けてます。ただ、点数を取れなかったから落第。それは事実。中退と言えば本当なんです」などと話していた。これを小池氏に尋ねた質問をさえぎり、助け舟を出すかのように「勝負服」質問をした記者の言動にSNSで批判が続出したのだ。

学歴詐称疑惑には触れず

調べてみると、『公約は〝後出しじゃんけん〟小池氏と蓮舫氏　首都決戦の行方は？　専門家に聞く』というテレビ朝日の番組記事（6月13日）で、

《この日は勝負カラーの緑ではなく、青のジャケットに青のネックレスで臨みました。》

と書かれていた。どうやら本気で取材の成果だと思っていたらしい。記事では学歴詐称疑惑の質問には触れていない。

この件にはもう一つ注目点がある。勝負服の質問をした記者は都庁記者クラブの仕切り役だったらしいこと。都知事の定例記者会見は都庁記者クラブ主催で毎週金曜日に開催されているが、現在はフリーランスなどクラブに非加盟の記者はオンラインでしか参加できない。なので今回の囲み会見が余計に「目立った」のだ。

フリーの記者を邪険に扱うような構図は「産経ニュース」（6月10日）を読むと面白い。
《東京都知事選（6月20日告示、7月7日投開票）に出馬表明した立憲民主党の蓮舫参院議員を巡る記者団のぶら下がり取材で、フリーランス記者を含めて質問が活発に飛び交っている。》
フリーの記者も活発に質問できるならそれでよいのでは？　と思うのだが、どうやらそうではないらしい。
《フリーの記者の質問は3選出馬が有力視される小池百合子都知事の「失政」に関する見解を聞くケースが多く、現状は蓮舫氏の背中を押すような質問が目立っている。》
小池氏は8年間都政をおこなってきた。その人物が3選を狙うというなら検証報道は多いほど都民の投票判断の材料になるはず。それが「王者」への接し方でもある。しかしこの記事では「小池百合子都知事の『失政』に関する見解を聞くケースが多く」という書き方になっている。失政を検証するのはダメなのだろうか。
注目は、あきらかにフリーの記者に不快感をあらわしている部分だ。「フリージャーナリストの質問に戸惑った民放記者もいた」として、
《民放記者は幹事社として1問目の質問を終え、2問目を言いかけた途中で、差し込まれた形となったからだ。ぶら下がり取材にはルールはないものの、取材を効率化する観点から、一般に幹事社が冒頭、基本的な事項を尋ねた後、各社各人の質問に移っていく。》
幹事社などのしきたりを説明しているが、こういうのを読むと質問そのものより秩序が大事と

いうことがわかる。勝負服の質問をした記者の言動と併せて読むと味わい深い。念のために書いておくと、私はフリー記者の質問ならすべて良いとは思っていない。新聞記者の質問にも「？」と思うものがあるのと同じだ。ただ選挙取材では多様な質問が出るほど有権者の参考になるはず。

それでなくても小池氏には「答弁拒否」に関する話題が多かった。

本当に質問すべきこと

『小池都知事が答弁拒否、議員発言取り消しの〝横暴〟「今の東京都議会はあまりにもおかしい」』（東スポＷＥＢ３月29日）

答弁拒否の見解を巡っては都議会で議論になったが、小池氏が答えない場合が多いなら記者がどんどん質問していくしかない。

小池氏の学歴詐称疑惑もゴシップ扱いにしていてよいのだろうか。大学卒業を認めるカイロ大学長名の２０２０年の声明文を巡り、小池氏の元側近の小島敏郎氏が、声明文は知事側で作成した可能性があると告発した（文藝春秋５月号）。この告発に対して小池氏は現在も説明していない。

「カイロ大声明」によって再選を果たした小池氏は「二期目に入るやエジプト関連予算を一気に増額させている」（週刊文春４月25日号）とも指摘されている。税金の使い方は東京都民に直接関わってくる。なので記者の皆さんには質問をどんどんしてほしい。民主主義の基本だ。勝負服の質問などしている場合ではない。

2024年
6月25日

東京都知事選、史上最大のピンチ！　小池百合子が「街頭演説を避ける」二つの理由とは？

「思わぬ事態」が発生

史上最大のピンチである。

状況を説明しよう。私プチ鹿島とラッパーのダースレイダーは数年前から全国の選挙現場を訪れている。選挙漫遊になぜハマったのか？　候補者は真剣勝負で人生を懸けているから熱さが凄いのだ。応援する人びとを含め目の前で熱い人間ドラマを見ることができる。「選挙は祭り」を痛感しつつ、誰を選ぶかによって自分の生活に関わってくることもあらためて実感できた。なので他の人にも選挙現場を見ることを薦めるようになった。「選挙なんか興味ない」と言ってしまえば、その陰でシメシメと思う人たちもいるのだから。

我々はこの数年で全国各地に行き、今年の1月は台湾へ総統選挙を見に行った。現場ではタイミングが合えば候補者や関係者に質問できる。民主主義の現場を堪能してきた。そして迎えた今回の東京都知事選。自分が住む地域だから飛行機に乗らなくても候補者に会いに行ける。楽ちん気分だった。

しかし！

ホームである東京都知事選の選挙漫遊がいちばん難しくなりそうなのだ。現職で2期8年務めた小池百合子候補に「会うことが困難」という可能性が出てきたのである。よりによって地元の選挙なのに！

小池氏がチャレンジャーとして出馬した8年前、私は何度も演説を見た。小池氏は出馬表明後、自民党に進退伺を提出。積極的に街頭に出て、自民党都連批判をするという戦法は熱を生んでいた。あれも「選挙は祭り」だったと思う。

知事となった小池氏は4年前の選挙ではコロナ対策に専念という理由で選挙戦をほぼおこなわなかった。メディアにせっせと出る姿が選挙運動そのものでは？　という指摘もあったが今回はいよいよ街頭に出てくるものと思っていた。

小池氏に聞きたいこと

直接聞いてみたいこともある。小池氏は政策の中で「首都防衛」「ダイバーシティ」を訴えているが、それは「関東大震災の朝鮮人犠牲者追悼式典に追悼文を送らない」ことと矛盾すると思うからだ。朝鮮人犠牲者は地震で亡くなったわけではない。デマによって起きた虐殺で亡くなった。だから式典に追悼文を送るのだが小池都知事は7年前からやめている。小池氏は朝鮮人虐殺に

「諸説ある」というがそんな学説はない。

歴史を見ようとしない都知事がもし震災に直面したら……。デマやヘイトスピーチ対策はどうなる？　追悼文を送らない姿勢はダイバーシティ（多様性）にも矛盾する。このほか小池氏の街頭演説は8年前の熱が今もあるのか見てみたい。いろいろ知りたいことがあるので、告示日の第一声が待ち遠しかった。

ところが告示前日にもたらされた情報は衝撃的だった。「明日の小池氏の第一声は10時半からビルの一室でおこなう出陣式のみ。公務を理由に街頭演説はナシ」。現場で知り合った記者が教えてくれた。3期目をやりたいという人が街頭に出てこない?!　一方で出陣式へのメディアの参加は先着順という。もしかしたら我々も入れるかもしれない（過去の選挙取材は2本の映画になっているので）。

というわけで6月20日（木）朝9時すぎ。我々は西新宿のビルに向かった。幸運にも入ることができた。室内は狭い。取材陣は約30名いて、ギュウギュウ詰めでびっしり。対照的に支援者用のイス席はまだ誰も座っていない。どんな人たちがくるのだろう。

すると出陣式スタート直前、スタッフに誘導されて赤ちゃんを抱っこした母親たちが入場してきた。スタッフの手元を見ると、名前の書いたリストがあったので出席者は決まっていたのだろう。小池氏の子育て政策に賛同する母親たちが集結という「画」を強調したかったに違いない。ここまでやるかと思ったがこれが、選挙戦なのかもしれない。

小池氏の演説が始まると密室で異様な雰囲気を察知したのか、泣き出す赤ちゃんもいた。しかし夜のニュース番組を見ると〝赤ちゃんをあやしながら演説する小池氏〟という見事な「画」になっていた。

小池氏が街頭に出ない〝二つの理由〟

小池氏は密室でのスタートについて「4月の（補選の）亀戸での第一声は、あまりにもプレッシャーが大きかった。今回は大丈夫かという不安を抱きながらだ」と語った。衆院補選で応援演説をした際、政治団体「つばさの党」による選挙妨害に遭ったことを指している。我々も現場で見ていたが、確かに妨害は酷かった。

なので小池氏は街頭に出ない理由を「妨害」と「公務」の2本立てにしていたのだ。

ただ、他候補の演説を見にいくと、今回はあのような妨害はもう無い。小池氏が街頭に出ない理由の一つは消えている。

あとは「公務」だが、小池氏は4月の補選では乙武洋匡氏のために12日間の選挙戦で計9日間応援入りしていた。あのとき公務は大丈夫だったのか？　今回だけ公務のせいにしてないか。

さらに今回は「公務マジック」があった。次の一文を読んでほしい。

《公務は都庁に籠もるだけでなく、現場視察に重点を置く。同行するメディアを通じて、2期8年の実績や今後取り組みたい施策をアピールする狙いが透けて見える。》（読売新聞6月24日）

この手法なら小池氏にとって厄介なフリー記者がいないだけでなく、街頭演説をしなくてもP

Rができる。さっそくニュース番組では行政視察が終わったあとに報道陣にコメントする小池氏が大きく報道されていた。

これには小池氏支持の都議会会派幹部すら、

《公務と政務の混同ではないかと懸念を漏らす。》（朝日新聞6月21日）

小池氏は有権者、フリー記者のいる街頭に出てくるのがそんなにイヤなのだろうか。聞かれたくないことがたくさんある？　そういえば18日におこなった公約発表のオンライン会見では、質問できたのは5社だけ。小池陣営幹部の「よっぽどフリーランスの記者の質問を受けたくなかったんだろうね」という声が報じられていた（「報道ステーション」6月18日）。

上品な野次馬、ピンチ！

2期務めた都知事が出てこないのは、街頭演説は民主主義を堪能できる場と考える我々には深刻だ。では公務が無い（少ない）週末はどうするのだろう？

すると小池氏は先週末、土曜は八丈島、日曜は奥多摩町と青梅市に登場した。

我々は奥多摩へ小池氏を見にいった。果たして姿を見ることができるのか？　すっかり探検隊気分だ。

ＪＲ奥多摩駅前を出ると、のどかな風景の中に警察やＳＰが大勢いて緊迫していた。金属探知機でのチェックや手荷物検査を受けて、選挙カーの前にあるゾーンに入れた。しかし選挙カーからはかなり距離があった。超厳戒態勢。

小池氏は演説後に鉄柵越しにグータッチをしにきたが、流れが速くて質問まではできそうにない。我々にはマイルールがあり、候補者と支援者の触れ合いが終わってから声がけすることにしている（「上品な野次馬」と呼ばれています）。大体の候補者はそれで答えてくれるが、稀に逃げる感じの人もいた。その差が見れるから面白いのだが、今回は質問自体が難しかった。上品な野次馬、ピンチ！

候補者の考えを直接聞ける街頭演説は、民主主義を実感できる場だと思っていたのだが……。小池百合子候補、有権者の前にもっと出てきてください。「会いに行けない都知事」は困ります。

2024年
7月9日

街頭よりプロレス、小池百合子都知事が選挙期間中に仕掛けた〝場外戦〟はなにが問題だったのか

「プロレスの政治利用」と批判の声

東京都知事選は7日に投開票がおこなわれたが、選挙期間中に注目された言葉があった。「公務」である。3選を目指した小池百合子候補がなかなか街頭（演説）に出ない理由に公務を挙げていたのだ。

では公務で何をしていたのか。都庁に籠っていたかといえばそうではない。ここにヒントがある。都知事として「現場視察」に赴き、メディアの露出を増やしていた。この手法なら小池氏にとって厄介なフリー記者に質問されないだけでなく、街頭演説をしなくてもPRができる。

BS－TBSの「報道1930」（7月4日）は小池氏について、『告示日から今週月曜（7月1日）までの12日間で、公務の視察は通常では考えられない13回にのぼります』と報道。やはり通常より多く視察を選挙期間中に入れていたことがわかった（最終的には18回だった）。

その公務の一つに「都電プロレス」があった。

《小池氏は6月29日、プロレス団体「DDT」が東京さくらトラム（都電荒川線）で開催した「都電プロレス」のオープニングセレモニーに公務として出席しただけでなく、試合にも〝参戦〟。》（東京スポーツ7月2日付）

鈴木みのるを羽交い締めにした高木三四郎から呼び込まれると小池都知事は空手チョップを鈴木の胸元に放った。観客の「百合子」コールの中、小池氏は上機嫌で降車した。

DDTを運営するCyberFightの副社長でもある高木三四郎は「今日の1番は小池都知事が公務で視察にいらっしゃったこと」「序盤の知事の空手チョップが1番効いた。あの空手チョップは力道山先生の空手チョップだと思うんです」と語った。

東スポによれば、今回の都電プロレスはDDTのリングにも上がる自民党の川松真一朗都議が、仕掛けたものだという。都電荒川線の50周年記念の盛り上げイベントとして、昨年大成功を収めた新幹線プロレスを開催したDDTが企画した。川松氏が都交通局と折衝したという。

SNSでは、街頭演説をしないで都電プロレスに出ている小池氏への批判もあったほか、《矛先は出場したプロレスラーにも向けられ、DDTや鈴木に対しては「ガッカリした」「プロレスの政治利用」「権力者にすり寄るとは」の声も。》（スポニチアネックス7月2日）

プロレスラーは権威に認められるとうれしいのだ

これを受けて鈴木みのるはXに「オレの職業はプロレスラー。ものすごい倍率のチケットを手に入れた16人の観客たち全員が『あー楽しかったー』って思ってもらえるように全力で自分のやるべきことをしたまで。誰に、何を、何と言われようが、これがオレの仕事に対する考え方。観客全員が笑顔で電車から降りていく姿を見れたからOK」と投稿した。

では今回の件を自分なりに考えていきたい。まず私はプロレスに多様性という概念を教えてもらった。1990年代初頭のことだ。

馬場猪木の時代が終わり多団体時代となり、さまざまなレスラーが観客に多様な世界を見せた。格闘技系の試合もあればデスマッチもある。それぞれを楽しんでいいんだという価値の多様性をいち早くプロレスが教えてくれたのである。今でも感謝している。だから新幹線とか都電の車内でプロレスをやるのもアリだと思っている。今回のように「公」を取り込んでいこうという野心も理解できる。

その前提のうえで「プロレスと政治」について考えたいのだ。髙木三四郎の小池称賛コメントには権力者に近づく野心家が放つオーラが出ている。そのうち選挙に出そうな〝やり手臭〟もする（過去に出馬歴もあり）。

私はそうした匂いは大の苦手だが、プロレスの歴史を振り返ると髙木だけではない。子どもの頃に読んだコラムには「アントニオ猪木は自分の興行に政治家を上げるから嫌だ」と書いていたものが印象的だったし、実際に猪木はそのあと政治家になった。後を追うように政治に進んだレスラーも多い。現石川県知事もそうだ。そもそも日本のプロレスの父と言われる力道山は政治と密接だった。

長年プロレスを取材してきた斎藤文彦氏は次のように語る。

「日本プロレスのコミッショナーが自由民主党副総裁の大野伴睦でした。力道山のプロレスは大資本（三菱）と政治とテレビが一体となって始まりました。メディアには正力松太郎がいた。テレビの隆盛こそが戦後復興になると思われていたなかで力道山のプロレスは良いコンテンツとして評価されたのです」

力道山のプロレスは生まれたときはカギカッコ付きの「超メジャー」だったと斎藤氏は念を押した。しかし時が経つとプロレスはマイナー視される。スポーツではなくショー、八百長と言われたのだ。アントニオ猪木は世間の偏見に怒り「プロレスに市民権を！」と叫んだ。

今回も髙木三四郎は小池都知事の来訪に「プロレスが視察に来ていただけるくらい、市民権を得たスポーツだと証明できたのかなと」とも語っている。長い間マイナー視されていたジャンルだから権威に認められるとうれしいのだ。これはプロレスファンも同様である。

しかし、その上で批評精神を持つのがプロレスファンの良いところ。権威なんてぶっ飛ばせ！とやるのもプロレスの力。斎藤文彦氏は今回都電プロレスをおこなったＤＤＴについて、

「都知事を招いて、しかも選挙期間中にあんなにありがたがるなんてちょっとカッコ悪すぎるよね。どうせやるなら小池氏のライバル候補を呼んだほうがプロレスの痛快さじゃない？」

そう、せめて「おい都知事、テレビ討論会ぐらい出ろよ」ぐらい誰かにかましてほしかった。そう考えると猪木は確かに政治的な人だったが、猪木だったら客前で都知事にあれだけヘコヘコしただろうか？　強がりとやせ我慢も猪木の矛盾した魅力だったからだ。それがミエミエであればあるほどに。

少年時代の私は猪木を見て矛盾を学んだ。猪木を真剣に応援して不透明な結末に怒っているのに、一方でこの試合の「政治的意味」も同時に考えていたからである。猪木は矛盾の塊かもしれないが、次第に私も矛盾を小脇に携えていたのだ。

このときの経験から言えることは、できることならデカい矛盾を10代のうちから抱えたほうがいいということ。後に大人になり、人間の営みはそう易々と答えが割り切れるものばかりではないことを眼前にしたとき、猪木の矛盾を早いうちに経験しておいてよかったと何度も思った。猪木と向き合うことは矛盾と向き合い、考えることなのだ。

私がプロレスを好きなのは「半信半疑」の中で悶え、苦しみ、よろこびを見つけるからなんだと気づいた。こんなジャンルは他にあまりないと思う。

多様性と批評精神こそがプロレス

だから今回の都電プロレスが、小池都知事の選挙期間中の公務に「まんまと使われた」もしくは「使わせた」点についてプロレスファン内で賛否両論があっていい。私は「否」の立場である。そしてプロレスを馬鹿にする人がいれば怒ればいい。同時進行でいろいろ考えることはできる。最後に。アントニオ猪木が死んだ直後、長州力が語った言葉を載せておきたい（拙著『教養としてのアントニオ猪木』より）。

《よく政治家がプロレスを引き合いにして、「プロレスみたいな八百長をやっているんじゃない」「まるでプロレスみたいじゃないか」って言うだろ。》

《「プロレスと同じじゃないか！」って何が同じなんだって。そういうふざけたことを言う政治家、おまえらは真剣に人生をマッチメイクしたことがあるのかって。俺たちは真剣にマッチメイクをやっていたんだよ。それを「どうせプロレス」って片づけられたくない。そこだけは言っておかないと。》

これがプロレスラーだ。だからプロレスファンも真剣に批評精神を持つ。多様な見解や価値を認める。このジャンルの面白さである。

Ⅵ　オールドメディア「ふてほど」の罪

2024年
5月7日

読売新聞の記者はなぜ「捏造」したのか？「訂正記事にも問題が……」というまさかの展開

読売新聞はどう報じたか

今回はこちらの「事件」についてです。

『読売新聞記者が諭旨退職、幹部も更迭へ　紅麹サプリ巡る談話捏造』（毎日新聞デジタル5月1日）

この記事によると、小林製薬の紅こうじ成分入りサプリメント問題を巡る記事で取材先の談話を捏造したとして、読売新聞大阪本社は1日、社会部主任の記者（48）を諭旨退職、取材をした岡山支局記者（53）を記者職から外し、休職1カ月の懲戒処分にすると明らかにした。編集局幹部ら

3人も更迭する方針だという。

ではこのニュース、読売新聞はどう報じてきたのか。問題の記事は4月6日付夕刊だった。

『紅麴使用事業者　憤り　小林製薬製　回収・販売中止　打撃』（読売新聞）

小林製薬と取引がある企業について書いている。商品の自主回収や顧客への説明に追われていると。ソーセージやベーコンを製造・販売する岡山県の企業の社長談話として、《「突然、『危険性がある』と言われて驚いた。主力商品を失い、経営へのダメージは小さくない」「補償について小林製薬から明確な連絡はなく、早く説明してほしい」》などが載っていた。写真には「『早く説明がほしい』と訴える森社長」というキャプションもあった。記事の見出しに「憤り」とあるのはそのためだろう。

ふわっとした「訂正」にザワザワ

ところが、2日後（4月8日）の夕刊に「訂正　おわび」が載った。6日付の記事について次の社長談話を削除するという。

《「突然、『危険性がある』と言われて驚いた。」「補償について小林製薬から明確な連絡はなく、早く説明してほしい」》

写真説明も「自主回収したソーセージと原料の紅麴を見せる森社長」に差し替えるという。記事の最後には「いずれも確認が不十分でした」とある。

このふわっとした「訂正　おわび」。結局のところ社長は何を言っていたのかわからない。読者はザワザワしたに違いない。

すると4月17日付の夕刊に『談話を捏造　本紙記者を処分』（読売新聞）。

なんと、談話そのものが捏造だったという。要点を抜粋する。

《原稿のとりまとめを担当した大阪本社社会部主任（48）が、談話を捏造していたことがわかりました。》

《取材・執筆した岡山支局の記者（53）も、自身が取材した岡山県内の取引先企業の社長が言っていない内容であることを知りながら修正・削除を求めませんでした。》

ではなぜ捏造したのか？

捏造の経緯は…

社会部主任は「岡山支局から届いた原稿のトーンが、（小林製薬への憤りという）自分がイメージしていたものと違った」と話しているという。さらに取材記者も「社会部が求めるトーンに合わせたいと思った」と。トーン？　これは覚えておきたい。

まだある。

《8日夕刊で談話を削除する「訂正　おわび」を掲載しましたが、社長が発言していなかった事実が示されておらす、末尾にある「確認が不十分でした」という文言も事実とは異なり、訂正記

事にも問題があったと考えています。》
とあった。
談話の捏造だけでなく、訂正記事も問題という驚きの展開となった。5月1日の読売新聞朝刊には訂正記事掲載の経緯が書かれていた。
《記事掲載後、企業社長から抗議を受け、大阪社会部と岡山支局は問題を把握したが、編集幹部らが事態を甘く見て捏造と明確に認識せず、十分な社内検討を経ないまま、8日夕刊に「確認が不十分でした」とする事実と異なる訂正記事を掲載した。訂正記事をきっかけに東京本社編集局が指摘し、捏造を確認した。》
それにしても皮肉だ。できることなら曖昧な説明で乗り切りたかったという大阪本社の「気分」が伝わってくるが、これは読売新聞が記事にしていた小林製薬の一連の対応と似ていないだろうか。
談話の捏造に話を戻せば、注目すべきは「トーン」というキーワードだろう。不祥事の追及を目指すあまり、「正義」がベースなら事実と異なる記事もありという不正義が、捏造された談話というかたちで可視化された。

各記事の「トーン」を読み比べ

それにしても「トーン」。これを頭に入れて別の読み比べをしてみたい。次のニュースだ。

『築地市場再開発　プロ野球・巨人は移転するのか？「スタジアム構想」など事業者が内容説明』（NHK5月1日）

東京都は、6年前に閉鎖された築地市場跡地の再開発を担う事業者を三井不動産を代表としたトヨタ不動産、読売新聞グループ本社など11社の企業連合に決めた。ここに「読売新聞」が入っていることが以前から注目されていた。週刊誌やタブロイド紙ではプロ野球・巨人が本拠地を東京ドームから築地に移転するのでは？　と数年前から報道されていたのだ。その噂通りに今回事業者が決定し、およそ5万人を収容できる多機能型スタジアムを整備するなどの提案内容を会見で説明した。

会見には読売新聞グループ本社の山口寿一社長も出席。巨人のオーナーも務める山口社長は、本拠地を新スタジアムに移転するのか問われ次のように答えた。

「魅力的なスタジアムで使ってみたいという気持ちはあるが、移転を前提に計画、提案していない。さらにプロ野球の球団の本拠地移転は大仕事になるし相当な調整が必要で読売新聞だけで決められることではない」

するとスポーツ紙ではこうなる。

『築地新スタジアム　巨人オーナー「使ってみたい」』（日刊スポーツ5月2日）

では読売新聞はどう報じたか。

すっとぼける読売新聞

『築地　東京の顔に　「スタジアム　本物の臨場感」　再開発会見』（読売新聞5月2日）

山口社長は、

《「それぞれの競技やライブに最適な空間に変化し、観客は本物の臨場感が得られる。国際的に知られる施設を目指したい」と強調した。》

とある。そして、

《野球では、米大リーグのほか、アジア地域の国際試合の開催を検討する方針を示した。》

巨人の名前は一切出てこない。国際試合の開催を強調している。仮に、記事に「トーン」があるとすると、ＮＨＫからスポーツ紙まで「やっぱり巨人の新本拠地になるんでしょ？」と注目している中、読売新聞はあくまで「国際的な施設になります」とすっとぼけているように感じる。このトーンが切り替わるのはいつのタイミングなのか？　なかなか興味深い読み比べでした。

2024年
7月30日

〝兵庫のおねだり知事〟斎藤元彦と大阪維新の凶悪すぎるタッグ「阪神・オリ優勝パレード」担当はなぜ追い詰められたのか

優勝パレードで見え隠れする維新の影

兵庫県の斎藤元彦知事をめぐる問題。果たしてワイドショーなどでやっている「おねだり」疑惑中心の視点でよいのだろうか。

「公益通報」など重要な論点があるが、今回ここで注目したいのは「阪神・オリックス優勝パレード」である。あれはいったい何だったのか。知れば知るほどゾッとするのだ。

まず、先週またしてもショッキングなニュースがあった。

『阪神・オリックス優勝パレード担当　兵庫県元課長が死亡　告発文で『疲労し療養中』と記載　斎藤知事が公表』（毎日放送7月25日）

《兵庫県の斎藤知事を告発した文書で、阪神・オリックスの優勝パレードの業務で疲弊し療養中と記載されていた元課長の男性（53）が、今年4月に死亡していたことがわかりました。》

ここで言う「斎藤知事を告発した文書」とは、この春まで兵庫県で西播磨県民局長を務めていた60歳の男性職員（以下X氏）による文書のことだ。

X氏は3月中旬、知事による部下へのパワハラや視察先企業からの贈答品の受け取りなど7項目の疑惑を指摘した文書を、一部の報道機関や県議に送付。県はX氏が文書作成者だと断定し、X氏の公用ＰＣを押収した。

その2日後、斎藤知事は定例会見で「業務時間中に『うそ八百』を含め、文書を作って流す行為は公務員として失格だ」と述べた。県はX氏を停職3カ月の懲戒処分にした。

X氏は7月7日に急死。「死をもって抗議する」という文言を遺していた（週刊文春7月25日号）。

X氏の告発には２０２３年11月23日に開催された阪神タイガースとオリックス・バファローズのリーグ優勝を記念したパレードもあった。兵庫と大阪を本拠地とする関西のチームがセ・パ両リーグで優勝したことを祝うために大阪市と神戸市でおこなわれた。

文書には、兵庫県は「必要経費を補うため、信用金庫への県補助金を増額し、それを募金としてキックバックさせた」旨の告発もあった。担当部局は当初1億円で予算要求したが、副知事の指示で4億円に増額したという。

さらに告発文書には「パレードを担当した課長はこの一連の不正行為と難しい調整に精神が持たず、うつ病を発症した」と記されていた。この課長は告発文書が公になった後の4月20日に自死していると週刊文春は7月25日号で伝えた。

そして先週24日、兵庫県は阪神・オリックス優勝パレード担当課長の死を認めた。県は死亡から3カ月にわたって公表していなかった。

3月に斎藤知事をめぐる疑惑が浮上して以降、X氏と優勝パレード担当課長の2人の職員の死亡が明らかになったのである。

「公務員は働かせてナンボ」という考え方

ではあらためて阪神・オリックス優勝パレードを振り返ろう。実は当初から数々の問題が指摘されていた。

『阪神・オリックス優勝パレード　教職員に大阪府　ネット募金要求　「寄付で評価?」組合懸念』（しんぶん赤旗2023年11月9日）

パレードの開催費用を集めるため、大阪府が府立学校の校長・准校長に、教職員がクラウドファンディング（CF）に協力するよう事務連絡を出したことがわかったと記事は伝えている。

大阪府はパレード開催のため警備費、交通規制告知などに5億円かかると説明。しかし集まりが悪いから教職員に協力を「求めている」という。

さらに大阪府と市は、パレードの現地で来場者の誘導などを担う要員として各1500人のボランティアも募っていた。

『勤労感謝の日に職員3000人を7時間タダ働きさせようとする大阪府・大阪市のヤバさ　これが「維新流」?』（東京新聞2023年11月9日）

府市トップの所属はいずれも維新だが、記事の中で大阪在住のジャーナリスト吉富有治氏は、「もともと維新は大阪府市を統合する大阪都構想が党是。その中で『税金の無駄遣いをなくす』ことや『コストカット』を言い続けてきた。根本に『公務員は働かせてナンボ』という考え方がある」と解説。

優勝のめでたさに名を借りた「万博PR」

ここで維新の名前が出てきたが、阪神とオリックスのパレードの資金集めは当初は万博を前面に押し出していた。

《9月下旬の発表では、名前が「兵庫・大阪連携『阪神タイガース、オリックス・バファローズ優勝記念パレード』~2025年大阪・関西万博500日前!~」と、なぜか無関係の万博が盛りこまれていたため炎上。》(中日スポーツ2023年10月18日)

これには「パレードの政治利用だ」と批判が噴出。専門家はスポーツを使って体制側の悪評を隠す「スポーツウオッシング」に当たる、と指摘した。

『優勝パレード、万博PRに? 「政治利用」と批判噴出』(共同通信2023年11月18日)

当時も今も阪神ファンとオリックスファンの中にはせっかくの優勝に水を差されたようで気分がよくない方もいるだろう。

ポイントはまさにそこで、阪神もオリックスも悪くない。優勝のめでたさに名を借りた「万博

ＰＲ」が批判されていたのだ。

万博の建設費用が当初の計画より高騰し、批判が高まっていた時期だけにどさくさ感があった。

一体何のための、誰のためのパレードだったのか？

さらにパレードでは大阪府・大阪市の職員へのタダ働きや募金要求などが問題となった。維新による公務員残酷物語だ、と。
大阪府の吉村洋文知事はパレード後にXに次のようにポストした。
《【速報】阪神とオリックス、史上初の優勝記念同時パレードは計96万人の観客　大阪会場は前回の阪神パレード超える55万人
↓監督、選手、パレードに来てくれた人達96万人のこの笑顔。やって良かったよ。メディアからは、散々批判を受けたけどね。この笑顔。これが答え。
午後５：59・２０２３年11月23日》
ところが今回「カネ集め」に奔走させられた兵庫県のパレード担当課長が自死していたことが明らかになり、そのカネも「信用金庫への県補助金を増額し、それを募金としてキックバックさせた」と告発されていた。
一体何のための、誰のためのパレードだったのか？　万博ＰＲのために懸命になったのも大きな要因にみえるが、万博は「いのち輝く未来社会のデザイン」というテーマである。ゾッとする。

兵庫県の斎藤元彦知事は3年前の知事選で自民と維新が推薦して当選している。「おねだり」以外にも、知事の背景を含め、告発内容にあらためて注目すべきではないか。

2024年
11月26日

斎藤元彦〝SNS流言合戦〟にオールドメディアはダンマリ「選挙になるとマスコミが大人しくなる問題」をどうすべきか？

パワハラ問題と選挙でコロコロ変わった「理不尽」の主語

なぜニュースを見るのか？　理由の一つには「理不尽な目に遭っている人を知るため」だと思っている。自分だっていつ理不尽な目に遭うかわからない。いや、気づかないだけでもう遭っているかもしれない。だからニュースを見て、知る。

それでいうと兵庫県知事選挙の結果は興味深かった。県議会の不信任決議を受け、失職した斎藤元彦・前県知事が再選された。不信任の発端は、斎藤氏のパワハラ疑惑を元県幹部が内部告発したことだ。斎藤氏は告発を公益通報として扱わず、県幹部に調査を命じて元幹部を特定し、懲戒処分にした。元幹部は7月に死亡した。自死とみられている。

ここで「理不尽」というキーワードを思い出そう。斎藤氏にパワハラを受けたり公益通報をつぶされた人が理不尽という声が多いかと思いきや、選挙結果を見ると「既得権益に対して独りぼっちで闘っている知事こそが理不尽」「メディアにいじめられている知事こそが理不尽」と考える人がかなり多かったのだろう。誰が理不尽な目にあっているか？　という見方は共通していても判断は分かれたのである。

「真偽不明の情報が拡散した」

ではその判断を形成した大きな役割は何だったのか。メディアの分析は選挙後に多く出てきた。読売新聞は『ＳＮＳの威力』とし、社説は『真偽不明の情報が拡散した』（11月19日）。

《斎藤氏を擁護するため、亡くなった告発者の名誉を傷つけるような発信が相次ぎ、斎藤氏支持の論調ができた。》《その結果、公益通報を巡る本質的な議論がかすみ、斎藤氏擁護の声が大きなうねりとなった。》

具体的な例としては、政治団体「ＮＨＫから国民を守る党」の立花孝志党首が出馬し、《その種の情報を発信したことも、斎藤氏の熱烈な支持者を生んだようだ。》とした。

毎日新聞の社説は、《見逃せないのは、今回の知事選で多数の偽情報が出回ったことだ。発信力の強い「インフルエンサー」らが「パワハラ疑惑はでっち上げ」など事実でない情報を拡散した。接戦となった他候補の評判を落とす偽情報も流布された。》（11月19日）と、誤った情報を信じる人が増えれば、民主主義の基盤である選挙の機能が損なわれかねない、と書いた。

朝日新聞は出口調査を載せていた（11月18日）。注目したのは、『斎藤県政「評価」76％　文書問題「重視」10％』という結果だ。有権者は「いつから」文書問題を重視しなかったのか？　選挙前からずっとか、選挙期間中からなのか？　興味を持つ点だ。

亡くなったX氏が決して触れられたくなかったこと

では「亡くなった告発者の名誉を傷つけるような発信」（読売）について振り返ろう。私が今年の『週刊文春』で最も印象深かった記事は7月25日号だった。告発文書を「怪文書」と斎藤知事に言われた元県幹部X氏の情報が兵庫県庁で出回っていたという。

そのうえで文春はこう書いていたのである。

《中身についてはX氏が決して触れられたくなかったことであり、本稿では言及しない。ただ、X氏の告発を握りつぶすためにこれを利用しようとする行為がどうしようもなく卑劣であることは論を俟たない。》

いかがだろうか。〃文春砲〃が続く中で、この件については、文春はX氏のプライベートについては報じなかったのだ。公益通報の話とは別問題だからだ。これを利用しようとする行為は「卑劣」とはっきり書いている。

しかし選挙戦に利用した人たちがいた。注目したいのは国民民主党の玉木代表のプライベートが先日報じられたときは「不倫より政策を」という声も大きかったが、今回は亡くなった告発者のプライベートが判断材料のひとつにされていたことだ。SNSを通して支持された点は玉木氏も斎藤氏も共通するのに一体どうしたことだろう。「公」と「私」について考えさせられるし、時々で扱いの差があるならなおさらだ。

PR会社の社長が内情を暴露

あと、〝独りぼっちで闘っている斎藤知事〟の広報戦略の詳細を公開する人も出てきた。兵庫県のPR会社「merchu（メルチュ）」社長・折田楓氏である。

氏が投稿したブログの冒頭にはこうある。

《「SNS」という言葉が一人歩きしてしまっているので、斎藤陣営で広報全般を任せていただいていた立場として、まとめを残しておきたいと思います。》

SNSの勝利ではなく、SNSを仕掛けた自分の勝利とPRしたいのだろうか。折田氏は「#さいとう元知事がんばれ」のハッシュタグの発信もおこなったと誇らしげに書いている。

現在は削除されているが、折田氏の投稿には当初「SNS運用フェーズ」として10月1日から13日までは「種まき」、14日から31日は「育成」、11月1日から17日は「収穫」とあり、まるでSNSで斎藤氏に賛同した人たちは「稲」のような扱いだ。

気になるのは報酬が支払われていたかどうかだ。関西テレビの取材によれば「広告会社に金銭の支払いはある」と斎藤陣営の1人は話したという（11月22日）。公職選挙法に抵触（買収）になるのか今後の動きに注目だ。

さてここまで新聞、週刊誌、テレビの記事を元にして書いてきた。「オールドメディアなんて」

と馬鹿にする方もいるだろう。そう、今回最も論じられるべきは選挙期間中になると既存メディアがおとなしくなる問題だ。新聞やテレビは公職選挙法と放送法を盾にして中立、公平を自称する。その間隙をついてSNSでは自由な「言説」が飛び交った。

ファクトチェックをしていた新聞もあった。毎日新聞は『「港湾利権にメスで潰された」は誤り　監査に斎藤知事の関与なし』(9月21日)と報道。

斎藤知事を「港湾利権にメスを入れたことによって闇社会とそこに追随するマスゴミに潰された」などと擁護する言説がネット上で飛び交っていたのだが、取材して明確に否定した。

こんな時こそメディアは奮起するしかない

しかしデマが否定されても次の「言説」が登場する。そもそもネット情報を「真実」とする人は新聞など読まないだろうから焼け石に水状態でもある。しかしこんな時こそメディアは報じていくしかない。奮起するしかない。取材をして裏付けをとる訓練を伝統にしている組織「オールドメディア」はまだまだ利用できる価値があるはずだ。

選挙期間中、タブロイド紙の日刊ゲンダイに現場ルポがあって読ませた(11月16日付)。記者が選挙活動を追うと斎藤氏を支持する50代女性はこう言った。

「立花さんのおかげで真実を知り全てがつながりました」

「以前は産経新聞を購読していたのですが、今では新聞はもちろん、テレビも一切見ない。その代わりユーチューブとXで偏りなく情報を集め、考えが凝り固まらないようにしています」

ああ、こういう意見こそ選挙中の大手メディアで見たかった。新聞やテレビの選挙後の分析は、それまで見て見ぬふりをしていた人が急に饒舌になったみたいで気味が悪い。あのPR会社社長の「種明かし」と何が違うのか。あ、やっぱり私も「オールドメディア」には不満があるのでした。

2024年
12月3日

「自民党に石破首相を支える空気はない」〝石破取材の第一人者〟が語る異様な孤立っぷり

他人の目を気にしていない石破氏

なんだかんだで話題になっている石破首相です。まずは「おむすび」。ドキュメンタリー監督の大島新氏が密着した「総理大臣を目指した人たち ２０２４ 二つの党首選から見えたこと」（日テレ系）が11月に放送された。

その中で石破氏が農家を視察して小ぶりなおむすびを一口で頬張る姿が衝撃を与えたのだ。「品がない」などの声がＳＮＳでわきあがった。ＮＨＫ朝ドラに負けない石破首相の「おむすび」である。

同ドキュメンタリーではテレビ局の楽屋でお菓子をポリポリやっている姿も印象的だった。共通するのは「他人の目を気にしていない」石破氏の姿である。

そういえば石破内閣発足時の首相官邸での写真撮影では石破氏や一部閣僚のモーニングのズボンが下がり、お腹の部分のシャツがのぞいていて「だらし内閣」と言われた。

これまでも政策や読書や鉄道などについて語る石破氏を見ると一心不乱になっていた。その結果「他人の目を気にしていない」状態になってしまうのだろうか。

小さなことは大きなことにもつながる。首相は先月相次いで国際会議に出席したが、他国の首脳からのあいさつに着席したまま応じたり、記念撮影を欠席したりしたことなどから首相の外交マナーに関して批判を招いた。

「夕刊フジ」は一面で次のように伝えた。『石破外交失態』（11月21日付）。外交失態に加えおむすびの食べ方まで『石破外交〝漂流リスク〟』（11月30日付）と続報している。安倍元首相推しに熱心だった夕刊フジからすると「安倍さんと対峙していた石破は許せない」という感情が今も行間から見えてくる。

読売新聞は社説で

《衆院選で惨敗したにもかかわらず、何事もなかったかのように第2次石破内閣が発足した》（11月12日）

と書いた。保守系メディアのほうが首相に当たりが厳しい。

一方で「党内野党」だったはずの石破氏が首相に就任してから変節を繰り返したことで他紙も批判的だった。つまり石破氏は保守（読売、産経など）・リベラル（朝日、毎日など）のどちらからもツッコまれている状況が続いていた。

ただ最近は少し潮目が変わったのかと思える雰囲気も感じる。

「丁寧な民主主義を取り戻す」

臨時国会が召集された翌日、朝日新聞は一面トップで『窮地の首相　行き着いた「熟議」』(11月29日)と特集した。

首相は本来は政治決定に絶大な権力を有する。とくに第2次安倍政権は「官邸一強」と言われた。しかし衆院選の大敗で状況は一変した。

《もともと党内非主流派出身の石破には「強すぎる官邸」こそが党内の自由な論議を封じ、官僚らの間で忖度を蔓延させるなど、日本の民主主義をゆがめてきたという問題意識があった。》

それゆえ、「乱暴な政権運営はできない。それを逆手に、丁寧な民主主義を取り戻す機会にしたい」と石破首相は周囲に語ったというのだ。決して望んだ状況ではないが、首相周辺は「短命政権でもいい。『安倍路線』からの切り替えを果たし、今までと違うレールを敷くことに存在意義を見いだすしかない」と述べている。

思わず笑いそうになったのは、石破首相が模索する新しい政治の意思決定システムだ。第1段階が政策協議、第2段階が国会論戦とあった。批判的な野党とも丁寧に議論を重ね、合意を得る努力をするという。そんなの当たり前じゃないかと思うが、これは石破首相の安倍政治に対する最後で最大のアンチテーゼになるのだろうか。

朝日の特集からは石破首相に対する最低限の期待のようなものが感じられた。その日におこなわれた所信表明演説でも「他党の意見を聞く」と述べた。

しかし石破首相にこんな「改革」が本当にできるのか？　ジャーナリストの鈴木哲夫氏に聞いてみた。鈴木氏は長い間石破氏に取材をしており、著書に『石破茂の「頭の中」』がある。石破取材の第一人者と言っていい。

――石破氏は窮地を逆手にとって「丁寧な民主主義を目指す」と朝日が報じていましたが。

「石破さんは自分が意図してないのに『結果的にこうなっている』ということが多い。衆院選での裏金議員処分も安倍派潰しだという声もあったけどそんな芸当はできない人ですよ。結果的にそうなってるだけ。今回も少数与党という立場は石破首相にとってキツいだけ。結果論として野党と丁寧に話をしなくてはいけないということです」

自民党内での孤立感がある

――最近石破首相に取材しましたか？

「本人に取材をした感じでは自民党の中での孤立感があります。総理総裁が何か政策をやりたいと思ったら普通は党内の議連とか議員が集まってくるがそういう動きがない」

――現状の石破政権をどう見ますか？

「総裁になった直後から前言を翻して支持率がどんどん下がって選挙に負けた。唯一救いだったのは選挙直後の世論調査で『石破茂首相は辞任すべきだと思うか』との質問に『思わない』と回答した人が半数を超えていたことだと言います。それなら今後は気をつかわずに原点に返るしかないと」

――仲間はいるんですか?

「連携していける人として中谷元（防衛相）、村上誠一郎（総務相）、岩屋毅（外務相）、赤沢亮正（経済再生担当相）、小野寺五典（自民党政調会長）、こういう人達の名前を石破さんからよく聞く。数少ない仲間とやれる分野を一つずつやっていくしかないのでは」

――今後の注目はいつ頃ですか?

「自民党全体からは石破首相を支える空気はなく様子見という雰囲気です。山場は来年の2月の終わりから3月の来年度予算案の採決のタイミングでは? 少数与党だから採決は通らないから野党の協力が必要。では野党案を飲むのか? そうなると自民党内から批判も来る。野党は一歩も引かない。ここが最初の山場では」

以上が鈴木氏の見解である。石破首相は自分が意図してないのに「結果的にこうなっていることが多い」という現象が面白い。おむすびに夢中で食らいついて人々を驚かし、選挙では結果的に旧安倍派を縮小させてしまった様子は、里に迷い降りてきたクマが意図してないのに村を騒がせている感じだ。

一心不乱が生み出す空気の読めなさは政治改革でこそ発揮してほしい。低空飛行で安定とでもいうべき今のうちに「政治とカネ」問題を解明できるのか? またブレたら終わりな気がする。

2024年
12月10日

「ふてほど」でも「50-50」でもない……「2024年の本当の流行語大賞」とは？

それならもっと早く言ってよ！

12月2日に発表された今年の「新語・流行語大賞」で、「ふてほど」が選ばれた。しかし、いつも不思議に思うことがある。ノミネートされた言葉は11月の頭に発表されるからだ。これだと1年は10月末までということになる。11月以降にインパクトがある言葉が出てきたらどうするのだ。たとえば今年は11月に兵庫県知事選があった。アレは流行語の宝庫だった。斎藤元彦氏が再選したのはSNSの勝利でありオールドメディアの敗北と言う声があった。そう、「オールドメディア」は今年の流行語大賞とも言ってもよいのではないか。それほど流通していたし、あらためてその意味を考えたい言葉だった。

斎藤氏を支持した人たちからすればテレビや新聞はさんざん斎藤氏側にネガティブな報道をしていたが、「NHKから国民を守る党」の立花孝志党首をはじめとするSNSやネット情報のおかげで「真実」を知ることができた。だから「オールドメディアの敗北」なのだろう。

一方で斎藤氏の一連の疑惑を注視していた人たちからすれば、選挙期間に新聞やテレビが中立・公平を自称しているときにSNSで真偽不明の言説が自由に飛び交った。その状態に「既存メディアはこれでいいのか」と疑問に思った人も多いだろう。つまりどの立場からもメディアは疑問を持たれていたのだ。

しかもメディアは選挙の翌日から饒舌になった。読売と朝日の社説を並べてみよう。

『兵庫県知事選　真偽不明の情報が拡散した』（読売新聞11月19日）

『選挙と立花氏　言動を看過できない』（朝日新聞11月23日）

それならもっと早く言ってよ！　と思ったのは私だけだろうか。毎日新聞も社説で、《見逃せないのは、今回の知事選で多数の偽情報が出回ったことだ。発信力の強い「インフルエンサー」らが「パワハラ疑惑はでっち上げ」など事実でない情報を拡散した。接戦となった他候補の評判を落とす偽情報も流布された。》（11月19日）。

せめて偽情報が出回っていることを報道することはできないのだろうか？　そうした意味で私もオールドメディアにはかなり不満だったのである。

しかし「オールド」には伝統や歴史も感じる。取材をして裏付けをとる訓練を長年している組織はまだ利用できる価値があるはずだ。ネットに対して腰が引けてる場合なのだろうか。功罪含めて「オールドメディア」は今を考える重要な言葉なのだと思う。

「流行」は誰かによって仕掛けられるものもある

ちなみに「オールドメディア」という言葉の火付け役とも言える立花氏は12月12日の「週刊文春」で「なぜ斎藤氏を応援したのか」という記者の質問に対して、「当然、最初は斎藤さんを応援するってところから入らないと注目を浴びられないから」と答えている。

さらに立花氏は自死した元県民局長が「不同意性交等罪が発覚することを恐れての自殺」などと選挙ポスターなどを通じて主張していたが、「同意であると確認できた」とあっさり前言を翻している。選挙戦で何が言いっぱなしになったのか、テレビや新聞でも検証が必要ではないだろうか。

兵庫県知事選から生まれた「流行語」としてもう一つ挙げておきたい。「#さいとう元知事がんばれ」である。

兵庫県のPR会社社長はこのハッシュタグの発信は自分が仕掛けたとnoteで告白した。SNSの勝利ではなく、SNSを仕掛けた自分の勝利という意味なのだろう。「流行」は誰かによって仕掛けられるものもある、という教訓も含めて今年の流行語にふさわしい。

ではPR会社社長による投稿について斎藤知事の代理人を務める弁護士はどう説明したか？「盛っている部分もある」と話した。そういえば斎藤知事はパワハラ疑惑などを内部告発した元県民局長については「嘘八百」と断言した。まったく別の案件なのに斎藤氏側はいつも似たようなリアクションをせざるを得ない展開になるのが興味深い。「嘘八百」「盛っている」も今年の要注目ワードだ。

さてここからは自分の足で稼いだ流行語について報告したい。流行と言っても全国一律ではなく、ある地域のみで盛り上がる言葉もあった。10月末におこなわれた衆院選で見つけた。

私は衆院選では萩生田光一氏の選挙戦に注目し、公示日から八王子に何度も入った。裏金と旧統一教会という、ここ数年の問題のどちらにも顔を出した萩生田氏。土壇場で自民党からの公認を受けられなかった萩生田氏はどんな選挙戦をするのか現場を見ておきたかった。

空前の「土」ブーム

注目の演説では自分を批判する相手候補を批判していた。「すべて最初から最後まで私への批判、この街に対しての政策は1ミリもない」と。決め言葉は「私は八王子の土になります！」であった。

すると同じことを叫んでいた人もいた。ジャーナリストの鈴木エイト氏が教えてくれたのだが、和歌山2区に出馬していた二階俊博氏の三男も「和歌山の土になります」と演説していたという。空前の「土になりますブーム」である。今年の10月に局地的に流行していた。

実はこれには〝元ネタ〟がある。昭和最後の首相でもあった竹下登氏である。竹下氏が1958年5月の衆院選に初めて立候補したときの第一声が、「島根に生まれ、島根に育ち、やがて島根の土となる」だったのだ。現在は故郷の竹下像の台座にこの言葉が掲げられている。おそらく萩生田氏も二階氏も〝自民党レジェンド〟の言葉を拝借したのだろうが、故郷を最大のアピールにするしかないほど追い詰められていた選挙戦ということもうかがえたのである。

以上、10月末からも流行語がたくさんあったというご報告でした。

2024年
12月17日

〝生稲晃子議員の靖国参拝報道〟はオールドメディアの敗北か？「マヌケすぎるミス」の後に、共同通信が守った〝最後の一線〟とは

2年前の記事がなぜ誤報だとわかったのか

韓国が注目されている。「非常戒厳」を出した尹錫悦《ユンソンニョル》大統領に対する2度目の弾劾訴追案が12月14日に韓国国会で可決された。

今回のニュースで注目したのは「民主主義」という言葉だ。為政者が暴走したときに政治はもちろん、メディアも市民社会も声をあげることができるか。長い軍事独裁政権から１９８７年に民主化を勝ち取った韓国は『市民の怒り、政治動かす』（東京新聞12月15日）というようにまさに〝民が主役の民主主義〟を見せつけたことになる。

さて、韓国の話題といえば少し前に日本でも大きな問題があった。こちらだ。

『共同通信「〝生稲氏が靖国参拝〟は誤った報道」訂正しおわび』（ＮＨＫ11月26日）

共同通信は、生稲晃子外務政務官（当時の肩書は参院議員）が２０２２年8月に靖国神社を参拝したと国内外に配信した記事について、「生稲氏は参拝しておらず誤った報道だった」と訂正した。

つまり誤報だったのである。

2年前の記事がなぜ誤報だとわかったのか。発端はこの動きだ。

『韓国、佐渡金山労働者の追悼式典に不参加表明…生稲晃子政務官の出席に反発か』（読売新聞オンライン11月24日）

生稲氏の〝靖国参拝〟を韓国側が問題視

韓国外交省は今年7月に国連教育・科学・文化機関（ユネスコ）の世界文化遺産に登録された「佐渡島の金山」をめぐり、佐渡市で行われる朝鮮半島出身者を含む労働者の追悼式典への不参加を表明した。日本政府代表の生稲外務政務官が過去に靖国神社に参拝していたと報じられたことなどが理由とされた。

《生稲氏の靖国参拝は2022年当時に一部の日本メディアが報道。今回の追悼行事への参加が発表された後、韓国メディアが相次いで報じ、韓国内で生稲氏の出席を問題視する声が出ていた。》（朝日新聞デジタル11月24日）

外務政務官に就任したばかりの生稲晃子氏の存在がいきなり注目されたのである。東スポは騒ぎを見て、一面で次のように伝えた（11月26日付）。

『生稲　右翼扱いされていた』

独特すぎる見出しである。東スポは「永田町関係者」の声として、「保守派からは評価する声が出ている。外務政務官就任に批判のある生稲氏にとっては保守を打ち出していくのもいいかもしれません」という言葉を紹介。生稲氏にとっては「むしろチャンスかもしれない」と記事を結んでいた。ただ、気になったのはこの話題が出てから生稲氏は靖国参拝を否定していたことだ。

すると、東スポが「生稲右翼扱い」と書いた夜に事態は急転する。共同通信は「正しくは生稲氏は参拝しておらず、誤った報道でした」と加盟社に訂正記事を配信したのだ。

なぜこんな誤報が起きたのか。訂正記事を読むと当時の取材過程について述べていた。「靖国神社への国会議員の出入りを取材する過程で生稲氏が境内に入るのを見たとの報告があったが、本人に直接の確認取材をしないまま記事化したと分かった」のだという。

もっとわかりやすく説明するとこうなる。

『共同通信「生稲晃子が靖国参拝」誤報はライバル・時事通信社の記者がきっかけだった《内部資料入手》』(週刊文春電子版11月29日)

「オールドメディア」の宿命

週刊文春の記事によれば、「当日、手分けして靖国神社の取材にあたっていた時事通信社の記者が、生稲氏が参拝に来たとグループLINEで連絡。それをそのまま記事化してしまった」というのだ。

つまり共同通信の記者は目視を誤ったわけですらなく、LINEにきた他社記者の情報に反応してそのまま記事にしてしまったのだ。生稲氏本人に確認をすることもしなかった（皮肉なことに時事通信は生稲参拝を記事にしなかった）。

この問題が発覚したのは兵庫県知事選が終わって間もなくの頃だ。斎藤元彦氏の当選に沸く人々の間で「ＳＮＳの勝利であり、オールドメディアの敗北」と言われていたときである。共同通信の誤報でそれ見たことかという反応もＳＮＳで見られた。たしかにマヌケで前代未聞の「取材過程」であった。信じられないミスである。

そうして呆れる一方で、次のことも再確認した。裏付けを取っていない、確認していないことがこれだけ大問題になるのだ。これが「オールドメディア」の宿命なのだ。基本なのである。もう一つ大事な点は、誤報とわかったら訂正と謝罪を出す。これも今回確認したことだ。メディアも人も間違える。だから、間違いがわかったあとの対応が大事となる。

しかし〝誤報のあと〟の差を感じてしまうのが兵庫県知事選後の現在だ。あの選挙では真偽不明の情報がネットに出回り、結果として斎藤氏の当選に影響を与えたという分析が多くあった。それらの情報発信者や媒体は責任を問われたのだろうか。

今後は「誤報」以上のものとも対峙しなければならない

選挙後に朝日新聞は社説で立花孝志氏の名を挙げ、「何より、誹謗中傷や事実と異なる情報の流通をどう防ぐか」と書いた。立花氏は12月12日号の「週刊文春」で記者の質問に対し、選挙期間中の言動の数々をあっさりと翻している。こうなると今後は「誤報」以上のものとも対峙しなければいけないことになる。

私はここまであえて「オールドメディア」という言葉を使ってきたが、ＳＮＳ対オールドメディアという対立軸では何も見えなくなる。デマを飛ばして平気な顔をする媒体・人物なのか、できるだけ取材をして裏付けを取り、間違えたら訂正・謝罪する媒体・人物なのか。この点も重要ではないか。

ひどすぎた共同通信の騒動を見たからこそ「伝えること」の意味を考えたいのである。

2024年
12月24日

「3番目ぐらいの新聞に行ったほうが早くトップに」と読売新聞に98歳まで現役だった渡辺恒雄の「一貫した行動原理」とは？

渡辺恒雄氏が〝ナベツネ〟になった瞬間

ナベツネが死んだ。読売新聞グループ本社代表取締役主筆の渡辺恒雄氏である。98歳になっても存在感を示していたから「衝撃」ニュースでもあった。では読売新聞はどう報じたか。死去翌日の12月20日朝刊を見てみよう。

『渡辺恒雄氏死去　98歳　読売新聞主筆　現実路線　各界に影響力』（1面）
『戦後、言論界を牽引　主筆の責任、最後まで』（総合2面）
『歴代首相と深い親交　与野党に幅広く』（政治面4面）
『米中韓要人と交流』（国際面9面）
『球界発展　情熱注ぐ　歴代G監督と本音議論』（スポーツ面19面）
『スポーツ・活字振興　尽力』（社会面30面）

いかがだろう、功績を伝えるこのボリューム。Xデーに備えて周到な準備をしてきたのかもしれない。この日の紙面を見るだけでも、読売にとって一国の指導者かあるいはそれ以上の存在であったことがうかがえる。「各界の関係者からは、その功績をしのび、別れを悼む声が相次いだ」（社会面）なんて、まさしく〝偉大なる指導者〟の死を伝える紙面だ。

ナベツネってなんであんなに偉そうなのか、いや、偉いのか？「たかが新聞記者」がなぜ政界にも影響力を与える存在になったのか。

原点は大学時代だった。太平洋戦争を体験したナベツネは戦後、日本共産党へ入党した。その理由を、「戦争中、『天皇陛下のために死ね』とか、『天皇陛下万歳』とか、日常茶飯事のようにやらされていた。二等兵で引っ張られて、あの地獄のような軍隊へ行った。それというのも、とにかく天皇制、全体主義が悪いからだ。だから戦争が終わって生き残ったら、天皇制を倒さないといかんと真面目に考えていた」と語っている（『独占告白　渡辺恒雄　戦後政治はこうして作られた』安井浩一郎・新潮社・2023年）。

天皇制打倒を考えていたナベツネ。戦争と軍隊への嫌悪から共産党に入ったが、組織の規律や統制を重んじる党に反発して脱党。読売新聞に入社する。その頃の読売は関東のブロック紙で全国紙の朝日新聞や毎日新聞に及ばなかった。なぜナベツネは読売を選んだのか？

「朝日や毎日より……」

《朝日、毎日のような大きいところに行って手間暇かかるよりは、三番目ぐらいの新聞に行った

ほうが早くトップになれる。》（『渡邉恒雄　メディアと権力』魚住昭・講談社・2000年）

なんと入社当初から社内制覇の戦略を練っていたのだ。共産党では挫折したが、そこで学んだ権力掌握術を読売新聞社内での権力闘争や出世闘争に利用したのだ。転んでもただでは起きないナベツネである。

ジャーナリストの魚住昭氏は、こうしたナベツネの「社内政治」の起源について、彼が大学生の共産党時代に「『ごく限られた少数者が多数を思い通りに動かせる』という政治の妖しい力に魅入られてしまったことだろう」とも著書で指摘している。学生時代から「政治」への萌芽はあったのだ。

読売に入社後、その野心的でエネルギッシュな姿勢は政界にも向けられた（当然の流れにすら思える）。政治記者として自民党副総裁や衆院議長を務めた大野伴睦や中曾根康弘元首相らに食い込む。大野に信頼されたナベツネは、大野と入閣推薦候補を選定する作業をしたりするなど記者の域を超えた暗躍をする。鳩山一郎に食い込む際には幼い孫（由紀夫、邦夫）を背中に乗せて馬になってあやして気に入られたという。人の懐に飛び込むのが天才的だったナベツネ。よくナベツネの茶目っ気や憎めないキャラを褒める人もいるが、人心掌握のためにそうした振る舞いが身についていたという見方も必要ではないだろうか。

『渡邉恒雄回顧録』（中公文庫・2007年）を監修した御厨貴・東大名誉教授が、今回朝日新聞に語っていた内容が興味深い（12月21日）。ナベツネはいつから今のナベツネになったのか？

《盟友の中曾根さんが総理を終えた後に、禁欲さがなくなった。読売の社長の地位をいかに維持するかということに変わった。昭和が終わったぐらいの時期からお座敷取材を始める。政治家と会うことを、純粋にネタを取って記事を書くというよりも、読売内の権力を維持し、他の新聞社を脅すことに使った。》

一方、魚住昭氏は共同通信の評伝で20年以上前のナベツネの言葉を紹介した。

「世の中を思う方向にもっていこうとしても力がなきゃできないんだ。俺には幸か不幸か１０００万部ある。それで総理を動かせる。政党勢力も思いのまま、所得税や法人税の引き下げも読売が書いた通りになる。こんなうれしいことはないわね」

新聞を武器に世を動かそうとした

遂に権力を握ったナベツネは新聞を武器に世を動かそうとした。「憲法改正読売試案」の発表（１９９４年）、政府の審議会や有識者会議などへの参加、２００７年の自民党と民主党の大連立構想の主導などなど、数え上げたらキリがない。

私は常々「読売の社説はナベツネの顔を思い出しながら読むと面白い」と提唱してきた。わかりやすい例もある。２０１５年の12月に「新聞の軽減税率」問題があった。朝日新聞の社説は《私たち報道機関も、新聞が「日常生活に欠かせない」と位置づけられたことを重く受け止めねばならない。》と新聞の税優遇にどこか気まずそうだった（２０１５年12月16日）。

しかし読売の社説はまったく照れがなかったのだ。《新聞と出版物は、民主主義の発展や活字文化の振興に貢献してきた。単なる消費財でなく、豊かな国民生活を維持するのに欠かせない公共財と言える。

こうした社会的役割を踏まえ、日本でも、新聞と出版物に軽減税率を適用すべきである。》（2015年12月13日）

これはナベツネが言ってるに違いない、と思って読めばよいのだ。そういえば訃報を伝えた読売に注目すべきことが書かれていた。毎年恒例の元旦の社説についてだ。

《渡辺氏はかつて自ら筆を執り、近年も細かく指導を続けていた。今年も12月12日、老川祥一論説委員長が病室を訪ねて元日社説の草稿を説明した際、渡辺氏は眼鏡をかけ直して熟読し、「それでよい」とゴーサインを出した。》

やはり昇天直前まで社説に関わっていたのだ。読売とはナベツネそのものなのである。権力者となったナベツネの言動には論じることが多すぎるが、一方で新聞記者魂を感じたのが「西山事件」（1972年）だった。

西山事件で見せた記者魂

毎日新聞記者だった西山太吉氏が「沖縄返還協定の密約」に関する外務省機密電文を省職員に持ち出させたとして逮捕起訴された事件だ。その裁判に渡辺氏は西山氏のために出廷し証言した。

あの件について「メディア・ジャーナリズムは、いくら機密と彼らが主張しようとも、政府が持っている機密を色々な手を使って取りに行かなければいけないのでしょうか」と問われた際に、ナベツネは「取りに行かないと駄目なんだよ、それは。何をやろうと」ときっぱりと答えていた（2020年のNHK「BS1スペシャル」）。

先述の御厨貴氏もナベツネは「書かない記者」を非常に嫌い、あるべき記者像を追い求めたと述べている。ナベツネから学ぶことがあるとすればこの姿勢ではないか。対象に近づくなら忖度しないで書く。「たかが野球選手が」が印象的なナベツネだが「たかが新聞記者、されど新聞記者」なのである。

今も「書かない記者」はたくさんいるのだろうか？　最近ならSNSでの「オールドメディア論」についてナベツネはどう思っていたのだろう？　情報が閉じられた時代は政治家の懐に飛び込めば出世できたかもしれないが今の時代でもトップ記者になる自信はあるのか？　そんなことを含め、一度でいいからナベツネに近づいて根掘り葉掘り質問して怒られてみたかった。

あとがき

『お笑い公文書2025 裏ガネ地獄変』を最後までお読みいただきありがとうございました。タイトルの「裏ガネ地獄変」は『新カラテ地獄変』（梶原一騎原作）みたいなニュアンスでいきましょう、と担当編集者の目崎敬三さんがアイデアを出してくれました。地獄のような題材を扱っているのにどこかポップでいこうというのは私も普段から心掛けているスタンスでしたから本当にありがたいタイトルでした。

本書は「文春オンライン」に連載しているコラムをまとめたものです。3年前に出した『お笑い公文書2022 こんな日本に誰がした！』に続いての最新版というわけです。

この本から読んでくださった方の中には「新聞記事の引用がやたら多いな」と思われた方もいるかもしれません。あらためてご説明すると新聞読み比べがテーマのコラムです。

思い起こすと2017年の連載開始当初は新聞各紙の論調の違いを論じるだけで「同じものを見ていてもこれだけ見え方が違うのか」というコラムが成立しました。まさに読み比べの醍醐味です。しかし一方で同じ頃から「え、そんなことはしないよね」という常識とでも言いますか、そうしたものを平気で超えてくる政治の振る舞いにギョッとすることが多くなった。それこそ公文書が破棄・改ざんされたりとか、民主主義的なプロセスが軽視されたりとか。どうせ時間が経てば国民は忘れるでしょ？　とでもいうように。

なので重要だと思った新聞や雑誌の記事は自分のコラムでのこしておかねばならないという使命感のようなものも生まれたのです。ただ、葛藤もありました。私は芸人なので時事ネタはポップにやりたい。コラムの筆も読み比べの妙で面白さを追求したい。それが大前提です。でも現実を見ると真正面から取り上げずにはいられないおかしな状況が続く……。ジャーナリストでもない自分がという思いもありましたが、そんな時に「芸人として〝お笑い公文書〟をのこしているつもりでよいのでは？」と気づいたら楽になったのです。正式な公文書の代わりにお笑い版を書いてしまえ、という。

それにしても、楽しくいきたいのにシビアにならざるを得ないという状況は最近本当に多くなってきた。私は選挙現場を見に行くという趣味もあるのですが、その魅力は正々堂々と真剣勝負をしている候補者の熱量を党派問わずに見られることです。さらに言えば人間は真剣になるほどおかしみや哀愁のようなものも発生する。それらを伝えつつ、「よりマシな人」を選ぶために選挙を見てみようよ、ハードルは高くないんだよ、と選挙にシラケている人に伝えたい思いもあった。

しかし最近はどうだろう。選挙現場にも「え、そんなことはしないよね」という行為を平然とする人たち（候補者）が現れてきた。デマや誹謗中傷も平然とまき散らされている。昨年はＳＮＳと選挙という言葉がよく言われたが、選挙現場を見ることも「楽しくいきたいのにシビアにならざるを得ない」案件となってしまった。

こんな時はどうすればいいのか？　たぶんメディアは愚直に伝え続けるしかないのだと思う。オールドメディアと言われようが、お前らのニュースなんか見ないよ（読まないよ）と言われようが、「でも報じるんだよ」。そんな気概を持ち続けるしかない。そうすれば私のような好事家に響くかもしれない。私だって新聞などメディアに対しては不満もあるけど大事なこともちゃんと報じているよ、というコラムを書き続けるしかないのだと思う。

さてここまで、あとがきらしくメディアへの希望みたいなものを書いてきましたが、ここからは一転して下世話にいきます。石破茂首相についてです。昨年の暮れに私がレギュラー出演しているＢＳ番組で石破首相にインタビューしたところ（聞き手はジャーナリストの鈴木哲夫さん）、石破首相はスタジオにプチ鹿島がいると言われて「最近厳しいね、とくに厳しい」と感想を述べてくださったのです。どうやら私の「文春オンライン」のコラムをお読みいただいているようなのだ。

私は石破氏とは首相になる前に何度かテレビ番組でご一緒したことがあるのでその時に比べて「最近厳しいね」という意味なのだろう。正直こちらも石破さんについて「最近厳しいね」という感じでしたから期せずして意見が一致してしまいました。首相なのだから厳しくチェックする（ネタにする）のは当然だと思っています。

でも考えてみてください。前回『お笑い公文書２０２２』を出したときは石破さんはあくまで個性派の脇役でした。「主役」になるなんて誰も想像していなかった（たぶん本人も）。なんだかんだ言ってもそれだけ政界は動いているという証拠でもある。だから「石破首相」という現在の事実だけでもかなり劇的な時代に違いないのだ。だから刷新を推し進めればよいと思うのだが、裏金問題は年末で終わりみたいな空気を自民党は出していた。

しかしこの問題は依然として「誰が・いつ・何のために始めたのか・どういう効果があったのか」は解明されていない。自民党の「裏側」にいた石破首相が「裏ガネ」を解明できなかったら誰ができるのだろう。どうせ短命と言われているのならそこに手をつけてみるのが自分の使命と思ってみては？　そんなことを思うのですが、石破さんはいつまでこんな感じなのだろう。そもそもそんな余裕があるのでしょうか。

そういえば元日のラジオ番組で石破首相が「大連立」について「選択肢はあるだろう」と述べたことが話題になった。ここでいう大連立とは自民党と野党第一党の立憲民主党の連立のことだ。私もラジオを聴いたが石破首相は「（維新共同代表）前原さん、（立憲代表）野田さんは、中道政治を目指す意味では相通じるものがある。長い友人であるし、人として信頼できる。裏切られたことが一度もない。そういう信頼関係がある」と語っていた。普通にラブコールと呼んでもいいレベルだった。この思わせぶりは今後のためにあとがきに書いておきたい。

さらに私はラジオ番組で大連立発言を引き出したジャーナリストの後藤謙次氏に話を聞いてみた。後藤さん曰く、石破首相は連立相手としては国民民主か維新を思い描いているのでは？　とのこと。立憲との大連立を匂わせたのも両党へのけん制の意味もあったのだろうと。しかし「103万円の壁」（国民民主）や「教育無償化」（維新）の政策論議でどこまで折り合えるかは不明とのことだ。

政策論争が注目されている国会だが、一方で政局も両にらみになっているようなのである。政策が優先だが、人間がやっていることだからどちらも見ておかないとわからないこともある。実は「お笑い公文書」で私が力を入れているのは「政策も大事だけど人間（政治家）も見ておかねば」というテーマでもある。人間は真剣になるほどおかしみや哀愁のようなものも発生すると先ほど書いたが、それらを見逃さないのも本書でできるユーモアのひとつだと思っている。この夏には参院選がある。野党も石破首相の思惑に簡単に付き合うようには思えない。これらを頭に入れて政策&政局を追っていこうと思う。

ヘンだな、引っかかるなと思ったことを記しつつ、一方で、時事ネタを軽快に、というのはなかなか両立が難しいお題である。でも楽しみに読んでくださる方がいるとやりがいがある。今後も「お笑い公文書」をのこしていきたいと思います。

すべて文春オンラインに掲載。収録にあたり加筆修正しました。肩書きは執筆当時のものです。文中一部敬称略。

プチ鹿島（ぷち・かしま）

1970年、長野県出身。芸人、コラムニスト。新聞14紙を読み比べ、政治、スポーツ、文化と幅広いジャンルからニュースを読み解く。新聞、雑誌などにコラムを多数寄稿。『東京ポッド許可局』（TBSラジオ）出演のほか、著書に『ヤラセと情熱 水曜スペシャル「川口浩探検隊」の真実』（双葉社）、『芸人式 新聞の読み方』（幻冬舎文庫）、『半信半疑のリテラシー』（扶桑社）などがある。

お笑《わら》い公文書《こうぶんしょ》2025
裏《うら》ガネ地獄変《じごくへん》
プチ鹿島政治《かしませいじ》コラム集《しゅう》2

二〇二五年三月三〇日　第一刷発行

著　者　プチ鹿島《かしま》
発行者　大松芳男
発行所　株式会社 文藝春秋
〒一〇二－八〇〇八
東京都千代田区紀尾井町三－二三
☎〇三－三二六五－一二一一（代）
印刷所
製本所　萩原印刷
組　版　明昌堂

万一、落丁・乱丁の場合は送料当方負担でお取替えいたします。小社製作部宛にお送りください。定価はカバーに表示してあります。本書の無断複写は著作権法上での例外を除き禁じられています。また、私的使用以外のいかなる電子的複製行為も一切認められておりません。

©Petit Kashima 2025　Printed in Japan　ISBN978-4-16-391961-4